こどもスポーツ練習 Q & A

やってみよう
野球

飯塚智広

ベースボール・マガジン社

マナブくん

スポーツ大好きな男の子

野球をはじめたんだけど、
うまくなるにはどうしたらいいのかな？
飯塚先生、教えてください

ゆめちゃん

運動神経抜群の女の子

野球って、難しそう。
わたしにもできるかな？

著者 飯塚智広先生

野球はとても楽しいスポーツですよ。
みんなでやってみましょう！

はじめに

　野球（ベースボール）が生まれたのは、アメリカです。もともとは下から投げた打ちやすいボールを打つ「タウンボール」という遊びでした。

　1845年にアレクサンダー・カートライトという人が、ニューヨークの消防団で体を動かすために取り入れていたタウンボールをもとに新たに考え出したのが、ベースボールのはじまりです。

　このことからもわかるように、野球をする目的は「勝つこと」だけではありません。「うまくなりたい」でもいいし、「思い切り運動したい」「友だちと仲良くしたい」でもいい。大事なのは、楽しむことです。

この本に出てくるマークの紹介

やってみよう

やってみてほしいうごきや練習法

ココが大事！

特に大事なこと、
意識しておきたいこと

ワンポイントアドバイス

心がけたいこと、
プレーに活かせるポイント

気をつけよう

よくやってしまう悪い動作の例

知ってる？

野球に関する豆知識

こちらもチェック

あわせて読みたいページの紹介

※お伝えする上達法は、主に右利きのプレーヤーを想定して解説しています。

　野球の試合を始めるときには、球審が「プレイ！」と言います。この言葉には、「遊ぶ」という意味があります。遊びは勝っても負けても楽しむもの。野球を楽しみましょう！

　私はみなさんに野球を楽しんでもらうために、この本を書きました。「打つ」「投げる」「捕る」などの動きの基本と練習方法を紹介していますので、ぜひ楽しみながら、やってみてください。そして野球をもっともっと好きになってくれたらうれしいです。

　それでは、さっそく第1章の「野球ってどんなスポーツ？」から始めます。プレイ！

もくじ

はじめに……2

第①章 野球って どんなスポーツ？

Q01 野球の楽しさってなんですか？……8

Q02 野球ってどういうスポーツですか？……9

Q03 グラウンドについて教えてください……10

Q04 ルールを教えてください……12

Q05 守備のポジションについて教えてください……15

Q06 道具は何をそろえたらいいですか？……20

Q07 練習や試合の前にしたほうがいいことは？……24

コラム❶ 失敗は成長のチャンス……30

第②章 打ってみよう

Q08 打ち方を教えてください……32

Q09 バットを強く振るにはどうしたらいいですか？……34

Q10 スイングで大事なことを教えてください……36

Q11 強い打球を打つにはどうすればいいですか？……42

Q12 どうしたらバットの芯でボールを打てますか？……46

Q13 どうしたらタイミングが合いますか？……48

Q14 センター返しが基本と言われるのはなぜですか？……50

コラム❷ 自分だけの感覚をつかもう……52

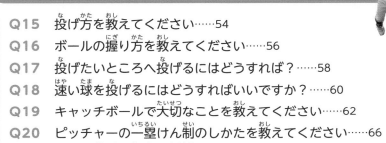

第❸章 投げてみよう

Q15 投げ方を教えてください……54

Q16 ボールの握り方を教えてください……56

Q17 投げたいところへ投げるにはどうすれば？……58

Q18 速い球を投げるにはどうすればいいですか？……60

Q19 キャッチボールで大切なことを教えてください……62

Q20 ピッチャーの一塁けん制のしかたを教えてください……66

コラム❸ チーム全員に大事な役割がある……70

第❹章 守備の基本を身につけよう

Q21 どんな姿勢で構えればいいですか？……72

Q22 すばやくスタートするにはどうしたらいいですか？……74

Q23 フライの捕り方を教えてください……76

Q24 ゴロの捕り方を教えてください……82

Q25 捕手のキャッチングで大事なことは何ですか？……90

Q26 キャッチャーの二塁送球について教えてください……92

Q27 ファーストの捕球について教えてください……94

Q28 ファーストのショートバウンドの捕り方は？……96

Q29 中継プレーについて教えてください……98

Q30 外野手のゴロ捕球と送球について教えてください……100

Q31 ランダウンプレーがうまくなる方法はありますか？……104

Q32 ペッパーをする意味を教えてください……106

コラム❹ 可能性は無限大……108

第5章 走塁の基本を身につけよう

Q33 一塁への走り方を教えてください……110

Q34 一塁ランナーのリードのしかたを教えてください……112

Q35 盗塁のスタートのしかたを教えてください……116

Q36 盗塁でいいスタートを切るにはどうすればいいですか？……118

Q37 スライディングのしかたを教えてください……120

Q38 ベースコーチについて教えてください……122

Q39 一塁ベースコーチにとって大切な役割は何ですか？……123

Q40 三塁ベースコーチにとって大切な役割は何ですか？……124

コラム5 ベースコーチへのメッセージ……126

第6章 野球を楽しもう

Q41 試合にはどういう心構えでのぞめばいいですか？……128

Q42 試合中に大切なことは何ですか？……129

Q43 ミスをしたときはどうしたらいいですか？……130

Q44 「自分のせいで負けたらどうしよう」と不安です……131

Q45 熱中症の対策について教えてください……132

Q46 ケガをした場合はどうしたらいいですか？……133

Q47 知っておいたほうがいいルールを教えてください……134

知っておきたい野球用語……138

さくいん……140

おわりに……142

著者＆撮影協力チーム紹介……143

第1章
野球って
どんなスポーツ？

この章では、
野球を楽しむために
知っておくとよいことを
お伝えします

よろしくお願い
します！

野球の基本について

Q 01 野球の楽しさって なんですか?

A 打球を遠くへ飛ばしたり 速い球を投げることです

野球の「打つ」「投げる」「捕る」という動きは、難しそうに見えるかもしれません。でも、心配しなくても大丈夫。打球を遠くへ飛ばすことや速い球を投げることを目指して、思い切りやってみましょう。

最初はみんな、なかなか思いどおりにはできないものです。そこで落ち込んだり、あきらめたりする必要はありません。「なぜだろう?」「どうやったらいいんだろう?」と考えて、工夫しながら練習しましょう。そうすれば、できなかったことができるようになっていきます。自分がどんどんうまくなっていくのを感じるのも、野球の楽しさの一つです。

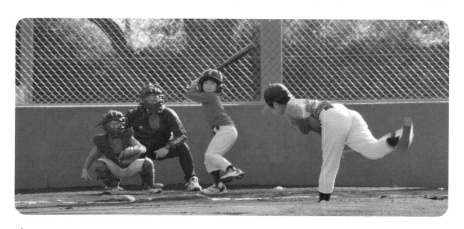

👆 ココが大事! 思い切りプレーしよう!

最初はできないのが当たり前。プレーの結果や試合の勝ち負けを気にせず、思い切りプレーしましょう。

Q 02 野球の基本について

野球ってどういうスポーツですか？

A 相手よりも1点でも多くの得点を目指すスポーツです

野球の試合では、2つのチームが攻め（攻撃）と守り（守備）を交互におこないます。攻める側は3アウトになるまで、9人が順番に「バッター」として打って、得点を目指します。守る側は3アウトになるまで、9人で9つのポジション（守備位置）を守って、相手の得点を防ぎます。

3アウトになったら、攻めと守りを交代します。先に攻めるチームが攻撃しているときが「表」。後に攻めるチームが攻撃しているときが「裏」。表と裏が終われば1回（1イニング）が終わります。

高校生以上の野球は現在9イニング制ですが、学童野球は6イニング制（4年生以下は5イニング制）です。試合が終わったときに、1点でも多く得点しているチームが勝ちです。

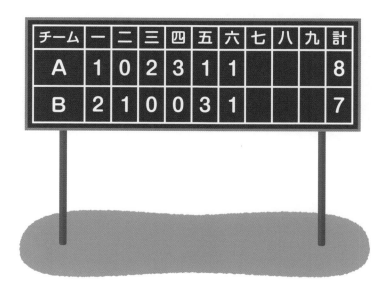

チーム	一	二	三	四	五	六	七	八	九	計
A	1	0	2	3	1	1				8
B	2	1	0	0	3	1				7

グラウンドについて教えてください

野球のグラウンドの各部の名称を覚えよう！

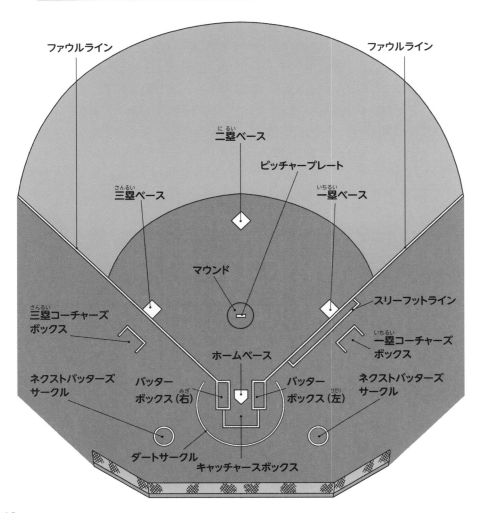

ファウルライン

ファウルライン

二塁ベース

ピッチャープレート

三塁ベース

一塁ベース

マウンド

三塁コーチャーズボックス

スリーフットライン

一塁コーチャーズボックス

ネクストバッターズサークル

バッターボックス（右）

ホームベース

バッターボックス（左）

ネクストバッターズサークル

ダートサークル

キャッチャーズボックス

A 学童用のグラウンドは 一般用よりも小さくなっています

グラウンドの広さは野球場によって異なりますが、投手板（ピッチャープレート）から本塁（ホームベース）までの距離や塁間の距離などはルールで決まっています。

学童野球の場合は、一般用（中学生以上）よりも短くなっています。ただし、ホームベースは一般用と同じ大きさを使います。

ルールで決まっている距離

	一般用	学童用
投手板から本塁まで	18.44m	16m （4年生以下は14m）
塁と塁の間	27.43m	23m （4年生以下は21m）
本塁から外野フェンスまで	76.199m以上 （両翼97.534m以上、センター約121.918m以上が理想）	両翼70m センター85m

ほかにもいろいろな距離や大きさが細かく決まっていますが、まずはこの3つを覚えておこう

ホームベースの大きさ

以前はひと回り小さいホームベースを使用していたが、2023年からルールが変わり、一般用と同じサイズになった

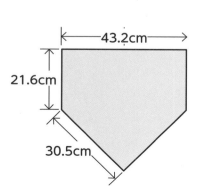

43.2cm

21.6cm

30.5cm

Q 04 ルールを教えてください

A 細かいルールは野球を楽しみながら覚えていこう

野球のルールは、とても複雑です。まずは次の3つを覚えておけば、野球を楽しめると思います。細かなルールについてはP134から説明します。いっぺんに覚えるのは難しいので、一つひとつ覚えていきましょう。

ルール1 アウト・セーフと得点

野球のプレーは、攻める側のバッター（打者）に対して、守る側のピッチャー（投手）が投げることで始まります。

バッターは球を打ったら、一塁へ走ります。打ったボール（打球）がノーバウンドで捕られた場合は「アウト」です。打球がバウンドした場合は、捕った野手が一塁へ送球します。送球がバッターよりも先に一塁に届いたら「アウト」、バッターが送球よりも先に一塁に着いたときは「セーフ」です。セーフになった打者は、そのまま塁に残ってランナー（走者）になります。

1イニングの攻撃で、ランナーが3つのアウトを取られるまでに二塁、三塁と進み、本塁（ホーム）までかえってきたら1点が入ります。

ルール2　ストライクとボール

投手が投げた球は、「ストライク」と「ボール」に分かれます。

ストライクは「打てる球だから、打て」という意味です。ストライクになるのは、ホームベース上の空間を通った球です。そのうち一番高いところはバッターの「肩の上の部分」と「ベルトの上の部分」の中間で、一番低いところは「ひざの下の部分」です。

バッターは3ストライクまでに打たなければなりません。3ストライク目を見逃し、あるいは空振りした場合は「三振」でアウトになります。

ストライクの空間を外れた球は「ボール」です。「打ちにくい球（ボール）を投げるな」という意味です。ボールが4つになると、「フォアボール（四球）」です。また、投手が投げた球が打者に当たった場合は「デッドボール（死球）」です。フォアボール、デッドボールになったときは、打者は一塁へ、塁にいる走者も次の塁へ進むことができます。

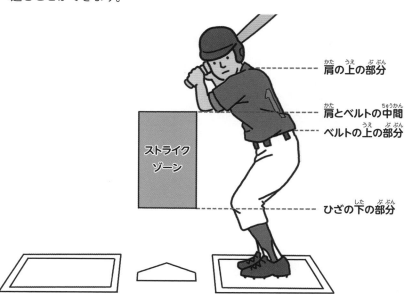

肩の上の部分

肩とベルトの中間

ベルトの上の部分

ストライクゾーン

ひざの下の部分

知ってる？ ストライクゾーンの高さ、低さはどうやって決まる？

ストライクゾーンの高さは、バッターがボールを打とうとして構えた姿勢で決まります。たとえばフォアボールを狙って、低くしゃがんで構えたとしても、ストライクゾーンが小さくなるわけではありません。そんなことはしないで、思い切り打ちましょう。

ルール3 フェアとファウル

　グラウンドには、ホームベースから左右にファウルラインが引かれています。ライン上とラインの内側の打球は「フェア」です。プレーが続くので、打者は一塁へ、走者は次の塁へ向かいます。

　ラインの外側の打球は「ファウル」です。2ストライクまではストライクとして数えて、次の球を打ちます。2ストライク後の打球がファウルになった場合は、打ち直しとなります。

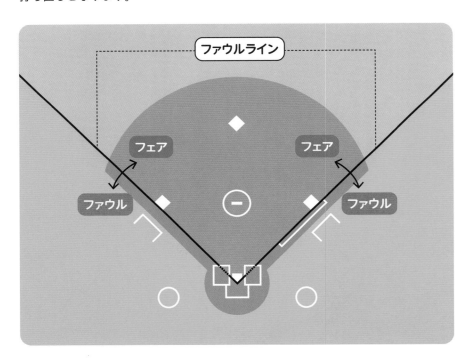

ココが大事！ 判定するのは審判

　バッターやランナーは、「ストライクかボールか」「アウトかセーフか」「フェアかファウルか」を自分で決めつけてはいけません。審判が判定するまで、全力でプレーを続けましょう。そうすれば、たとえば「ファウルだと思って走るのをやめたら、実際はフェアで、アウトになってしまった」というような、もったいないプレーが防げます。

Q 05 守備のポジションについて 教えてください

A ポジションは9つ。 それぞれに役割があります

野球の試合で同時に出場できるのは、1チーム9人です。守備では、9人がそれぞれの守備位置（ポジション）を守ります。

攻撃では、この9人が順番にバッターとなります。また、試合に出ていない人にも、ベースコーチ（P122を見てください）など大切な役割があります。野球は、試合に出ていても、出ていなくても楽しめるスポーツです。

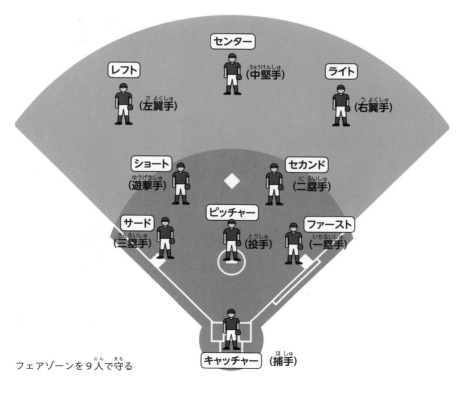

フェアゾーンを9人で守る

ピッチャー（投手）

　ピッチャーが打者に向かって球を投げることで、プレーが始まります。味方の選手はもちろん、相手チームや応援してくれている人は、みんなピッチャーを見ています。それだけ注目されるポジションです。

　いいピッチャーには、大きく分けて2つのタイプがあります。1つは、スピード（球の速さ）が持ち味のタイプ。

もう1つはコントロールのよさ（球の正確さ）が持ち味のタイプです。速い球でねじ伏せるのか、いいコースへ投げて打ち取るのか。タイプは人それぞれ。自分の投げる球の長所を知っておきましょう。

ココが大事！

球が速くて、コントロールもいいピッチャーを目指そう

　小学生の間は「僕はこういうタイプだ」と決めつける必要はありません。みなさんの将来には、いろいろな可能性があります。まずは思い切り速い球を投げてみましょう。次に、そのスピードで投げたいところを狙って投げてみましょう。どのくらいのスピードで投げれば、どのくらいのコントロールで投げられるか？　スピードとコントロールの両方がそろった、すごいピッチャーを目指しましょう。

16

キャッチャー（捕手）

キャッチャーは「グラウンドの中の監督」と言えるポジションです。

守っている9人の選手の中で、キャッチャーだけがみんなと違う方向を向いて座っています。みんなピッチャーを見ていますが、実はその先にキャッチャーがドンと構えています。

キャッチャーはピッチャーの良さを引き出したり、バッターと駆け引きしたりしなければなりません。チームの勝敗のカギを握る、重要な役割です。責任は重いですが、その分、やりがいもあると思います。

ココが大事！

キャッチャーは
大きな声を出そう！

キャッチャーの言葉や行動で、ほかの8人が安心したり、不安になったりします。リーダーとして元気よく、大きな声で指示を出して、みんなに安心感を与えましょう。

第1章 野球ってどんなスポーツ？

17

内野手

内野は、バッテリー（ピッチャーとキャッチャー）が協力して打たせた打球を、アウトにすることが多いポジションです。アウトにするためには、うまく捕るだけではなく、正確に送球することが求められます。

ファースト（一塁手）は、打球だけではなく、送球を捕る機会が多いポジションです。高い送球やショートバウンドなど、いろいろな送球に対応できれば、ほかの内野手が安心して送球できます。

セカンド（二塁手）とショート（遊撃手）は守りの中心です。守備がうまいだけではなく、次に起こりそうなプレーを予測しなければなりません。

サード（三塁手）は、強い打球が飛んでくることが多いポジションです。打球を体で止める勇気が必要です。

ファーストとサードには、ピッチャーに声を掛けたり、大きな声を出したりしてチームを元気づける役割もあります。

ココが大事！

アウトにするために、いろいろな練習をしよう

試合中には、いろいろな打球が飛んできます。練習して「捕る」「投げる」の基本ができるようになったら、応用の難しいプレーにも挑戦して、アウトにする確率を高めましょう。

ファースト

サード

ショート

セカンド

外野手

外野手には、自分の後ろを守ってくれる選手がいません。打球が頭の上を越えたり、外野手と外野手の間を抜けたりすると、大きく進塁されてしまいます。それを防ぐには「この打球は、どのあたりに落ちてくるのか」をすばやく把握する力が求められます。レフト（左翼手）とライト（右翼手）は、ファウルラインに向かって切れていく打球や、回転がかかって急に落ちる打球（ドライブがかかった打球）など、いろいろな打球に対応しなければなりません。

センター（中堅手）は、外野のリーダー役です。外野の真ん中を守っているので、試合の状況や相手の打者によって、レフトやライトに声やジェスチャーで守備位置などを指示します。

ココが大事！

速くて正確な送球で
ランナーをアウトにしよう

ランナーを本塁でアウトにするのは、外野手の見せ場です。そのためには速い球で、長い距離を正確に投げる力が必要です。速い球が投げられない場合は、早く打球に追いついて、すばやく送球できるように練習しましょう。長い距離が投げられない場合は、中継プレー（P 98を見てください）が正確にできるように練習しましょう。

レフト　　センター　　ライト

Q 06 道具は何をそろえたらいいですか?

A ユニフォーム、グラブ、スパイクなどをそろえます

野球には多くの道具が必要です。個人で使う道具のなかには、チームで指定されるものもあります。また、ヘルメットなどチームがそろえてくれるものもあります。これからチームに入ろうとしている人は、チームに確認してから、必要なものをそろえるようにしましょう。

個人でそろえる道具は、はじめは初心者用で、使いやすいものでいいと思います。からだが大きくなると、買い替えも必要です。そのころにはレベルもアップしているでしょうから、自分に合ったものを選ぶようにしましょう。

ユニフォーム

試合ではユニフォーム、帽子、ストッキングなどはチーム指定のものを着用する。チームが貸し出してくれる場合もあるので、確認しよう。アンダーシャツは着替え用に2、3枚用意しておくとよい

スパイク

自分の足のサイズに合ったものを選ぶ。色はチームで決まっている場合があるので、確認しよう

バット

身長や筋力などに合わせて、しっかりスイングできる長さ・重さのものを選ぶ。小学生の間から重すぎるバットを使うと、ケガにつながる場合があるので注意しよう

ボール

学童野球ではゴム製の軟式ボール「Ｊ号球」を使う。重さは約129g、直径は約6.9cm

左が「Ｊ号球」、中央が「硬式球」、右が「ソフトボール」。ボールの大きさはこれだけ違う

グラブ、ミット

野球を始めたばかりのころは、自分のポジションがどこになるか、まだわからない。最初はオールラウンド用（内野手でも外野手でも使用できるもの）をそろえるとよい。ポジションが決まったら、そのポジションに合ったグラブやミットの購入を考えよう

内野手用グラブ

外野手用グラブ

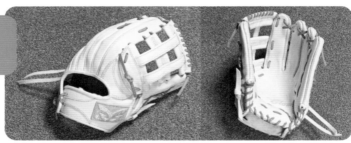

キャッチャーミット

ファーストミット

キャッチャーの防具

キャッチャーは、ピッチャーが投げたショートバウンドを体で止めなければならない。また、バッターがファウルにした打球が当たったり、本塁に滑り込んでくるランナーとぶつかったりする可能性がある。ほかのポジションよりも危険が多いので、キャッチャーマスク、ヘルメット、プロテクター、レガースなどをつけて、体を守る。キャッチャーの防具は、チームがそろえてくれる場合がほとんど

👆 ココが大事！　道具を大切にしよう！

　野球の道具は、値段が高いものがほとんどです。個人のものもチームのものも、大切にしましょう。汚れを落としたり、しっかり手入れしたりすれば、長く使えます。また、使うたびに道具を手入れしていれば「ヒモが切れそうだな」などと気づけるので、本番での思わぬトラブルが防げます。「道具を大切にする選手は野球がうまくなる」と言われるのは、自然といろいろなことに気づいて、準備ができるようになるからです。

Q 07 練習や試合の前に したほうがいいことは?

A 自分の力を出すために ウォーミングアップを

試合や練習の前には、軽いランニングや体操、ストレッチ、ダッシュなどのウォーミングアップをしましょう。いきなり投げたり打ったりするのではなく、体を温めて、動かしやすくします。

いつもどおりの力を出すために、いつもの自分の体の動きと比べながらおこなうことが大切です。昨日と今日では、体の動き方に違いがあるかもしれません。「今日の動きはどうかな?　いつもどおりに動いているかな?」と確かめてください。動きが悪ければ、じっくり時間をかけてウォーミングアップをしましょう。

はじめに軽いランニングをして、体を温める

✋ ココが大事! 今日のからだの動きを確かめよう!

体の動きは、毎日同じではありません。今日の体の動きはどうなのか、しっかり確かめながらウォーミングアップをしましょう。

次に、ウォーミングアップに取り入れてほしいストレッチを紹介します。ストレッチとは、筋肉を伸ばして、動きやすくする運動です。

🚩 やってみよう1　腕と肩のストレッチ

腕と肩のまわりの筋肉を伸ばして、よく動くようにします。投げる側だけではなく、両側をおこなってください。

特に大事なのが、肩甲骨のまわりです。肩甲骨とは、背中の上のほうの左右にあり、逆三角形の形をした骨です。肩甲骨がしっかり動くことで、速い球が投げられるようになります。しっかり動かないと、肩のケガや痛みにつながります。

📓 知ってる？　肩甲骨の動き

肩甲骨は、さまざまな方向に動いて肩と腕の動きを支えています。「腕は肩からではなく、肩甲骨から生えている」というイメージを持つとよいと思います。ストレッチをするときは、下のイラストを参考に「今、肩甲骨がどう動いているか」を思い浮かべながらおこないましょう。

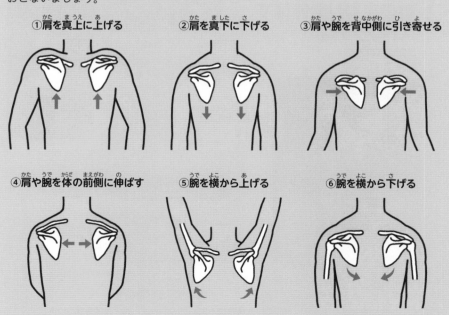

①肩を真上に上げる　②肩を真下に下げる　③肩や腕を背中側に引き寄せる
④肩や腕を体の前側に伸ばす　⑤腕を横から上げる　⑥腕を横から下げる

秒数や回数は目安なので、その日の体の状態によってアレンジする

1 ひじと手首を伸ばす ストレッチ

左右・各10秒

腕をまっすぐ前に伸ばして手のひらを上に向ける。もう片方の手で手首を下に曲げて、ひじをゆっくり伸ばす

2 肩のまわりを伸ばす ストレッチ①

左右・各10秒

腰をひねらず、肩の位置が変わらないように保つ

腕を反対側の真横に伸ばす。もう片方の腕で前から押さえて、肩をゆっくり伸ばす

3 肩のまわりを伸ばす ストレッチ②

左右・各10秒

前かがみにならないようにする

腕を真上に上げてひじを曲げ、手を頭の後ろへ。もう片方の手でひじのあたりを押さえて、肩と体の脇をゆっくり伸ばす

☝ ココが大事！

ストレッチの注意点

　ストレッチをするときは息を止めるのではなく、自然に呼吸を続けましょう。また、ストレッチする部分を意識して、反動や勢いをつけずに、ゆっくり動かしていきましょう。

4 肩甲骨を動かすストレッチ① 10回

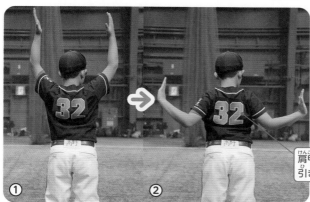

①手のひらを内側に向けて両腕を真上に上げる

②手のひらを外側に向けながら、ひじを曲げて両腕を真横へ下ろしていく

> 肩甲骨を背骨に向かって引き寄せるようにする

① ②

5 肩甲骨を動かすストレッチ② 10回

①ひじを直角に曲げて、体の前で両手の甲を合わせる。肩甲骨を背骨から引き離すようにする

②ひじを直角に曲げたまま両腕を広げていく

> 肩甲骨を背骨に向かって引き寄せるようにする

① ②

6 キャット&キャメル (猫とラクダ) 10回

> 肩甲骨を背骨から引き離すようにする

> 肩甲骨を背骨に向かって引き寄せるようにする

①四つんばいになって、ゆっくり背中を丸める

②ゆっくり背中を伸ばす

① ②

股関節のストレッチ

股関節（足の付け根）のまわりの筋肉を伸ばして、よく動くようにします。股関節は「立つ」「歩く」「しゃがむ」など、足を動かす役割をしています。股関節がしっかり動くと、速い球を投げたり打球を遠くへ飛ばしたりできるようになります。

秒数や回数は目安なので、その日の体の状態によってアレンジする

1 股関節を伸ばす 計20秒

上半身が前に倒れないようにする

①股を広げて、腰をゆっくりと落とす。腰を落とした状態で10秒キープする

②次の10秒間で、左右に体重を乗せ換える動きをゆっくり繰り返す

2 股関節を動かす

左右・各10回

①股関節を中心に、足を後ろから前へ大きく回す

②股関節を中心に、足を前から後ろへ大きく回す

棒を越えるイメージで、ひざを高く上げる。上半身は傾かないように、真っすぐに保つ

28

やってみよう3 背中のストレッチ

背骨と背中の筋肉は体を支えたり、前後左右に曲げたりしています。「打つ」「投げる」の動きや体のバランスを保つのに、とても重要です。

> 秒数や回数は目安なので、その日の体の状態によってアレンジする

1 背中を伸ばすストレッチ（2人1組） 10秒ずつ

2人1組で背中合わせになる。下になる人が相手の手首のあたりを持って、ゆっくりと背中の上に乗せていき、相手の背中を伸ばしてあげる

> 下になる人は相手の腕を強く引っ張らないようにする

2 ブリッジ 5回

> 無理をせず、できる範囲でやる

①あお向けになる。耳の真横で地面に手をついて、指先を足のほうに向ける。ひざを曲げてお尻にかかとを近づけ、地面に足をつく

②手と足で地面を押して、おなかを上げる

29

失敗は成長のチャンス

　野球は、うまくいかないことが多いスポーツです。打撃では、３打数１安打で上出来。１試合のうち１、２回はアウトになるのが当たり前です。守備では、経験したことのある状況になることは、ほとんどありません。思いもしなかったことや、初めてのことばかり。うまくアウトにできなくても、当たり前です。

　そのため、野球は「失敗するスポーツ」とも言われています。だから、試合では「打てなかった」「エラーをしてしまった」という結果を気にする必要はありません。

　大事なのは「なぜ？」と考えることです。成功しても失敗しても「なぜ打てたんだろう？」「なぜ打てなかったんだろう？」と原因を考えて、そのたびに工夫して練習しましょう。そうすれば、どんどんうまくなります。つまり、成功だけではなく、失敗も成長のチャンスなのです。

　小学生のあいだに、いろいろな成功や失敗を経験して、１段ずつ積み重ねてください。それが必ず次への階段になります。そこをのぼっていきましょう。

第2章

打ってみよう

打てるバッターに
なるぞ！

この章では、
バッティングについて
お伝えします。
さあ、思い切り
打ってみよう！

Q 08 打ち方を教えてください

A まずは思い切り バットを振ってみよう

バッターとして相手のピッチャーのボールを打つのはワクワクするし、打球を遠くへ飛ばすのはとても気持ちがいいです。

「打てなかったら、どうしよう」と不安になる人もいるかもしれません。

でも、結果は気にしなくても大丈夫。プロ野球の選手は「3割バッター」、つまり10回のうち3回以上ヒットが打てるバッターが一流だと言われています。

言いかえれば、プロでも10回のうち7回も失敗するほど難しいのです。打てなくても、当たり前。そう考えて、とにかく思い切りバットを振ってみましょう。

「どんな形で振ったらいいんだろう?」と考えるのは、そのあとで大丈夫です。先にスイング(バットを振ること)の形にこだわると、フルスイング(力いっぱいバットを振ること)ができなくなってしまうからです。

フルスイングで打球を遠くへ飛ばそう

思い切り振れるようになったら、次は狙ったところへ打ってみましょう。

　最初はうまくいかないかもしれません。うまく打てなかったら、その原因を「うまくなるための宿題」にしましょう。

「どうしたらいいんだろう？」と自分なりに考えて、次につなげていくのです。そうすれば、うまく打てなかった1球は失敗ではなく、成長のはじまりになります。

▶ やってみよう

思い切り打って、狙ったところに当てる

空間やネットの一部分に自分で的をイメージする。その的に打球を当てるつもりで打つ

📣 ワンポイントアドバイス　いろいろな打ち方を試そう

　いろいろな打ち方で打ってみましょう。たとえば足を高く上げるなど、反動を使ってみたらどんな打球が飛びますか？　反動が大きければバットを振る力は強くなりますが、バットにボールを当てるのは難しくなります。空振りや打ち損じを怖がらず、自分でいろいろ試してみましょう。

Q 09 バットを強く振るにはどうしたらいいですか?

A 体重移動が大切です

打つときにキャッチャーに近い側の足（右バッターの場合は右足）を「軸足」、ピッチャーに近い側の足（右バッターの場合は左足）を「踏み出し足」といいます。

バットを構えたときは、両足に体重が乗っています。打つときは、そこからいったん軸足に体重を乗せて、力をためてから、一気に踏み出し足に移します。そうすれば力が伝わり、バットを強く振ることができます。

最初はバットを持たずに、ヒーローが必殺技を出す動きで覚えるといいと思います。

やってみよう1 ヒーローの必殺技で体重移動を覚えよう

①両足に体重を乗せる

②軸足に体重を乗せながら、両腕を引く

③踏み出し足へ体重を移しながら、両腕を伸ばす

！ 気をつけよう

軸足のひざが外側を向かないように！

軸足のひざが外側を向いていると力が入らないので、踏み出し足に移す力が弱くなってしまいます。

軸足のひざが外側を向いている

👆 ココが大事！ 軸足の内側と股関節を意識しよう

「軸足に体重を乗せて、力をためる」というのは、ただ「軸足で立つ」ということではありません。写真のように、後ろ（軸足の方向）へ軽くジャンプして、軸足だけで着地してバランスをとってみてください。軸足の内側と股関節を意識すると、バランスがとれると思います。これが、力がたまっている形です。そこから一気に踏み出し足へ体重移動して、軸足にたまった力を踏み出し足の内側に移していきます。

軸足の内側と股関節を意識する

踏み出し足の内側を意識する

①いったん踏み出し足に体重を乗せる

②軽くジャンプして、軸足に体重を乗せる

③踏み出した足に体重を移す

🚩 やってみよう2 バットを持って横跳び

バットを持ったまま横跳びをする。体重を乗せる側の足の内側と股関節を意識して、「力をためる」という感覚をつかむ。

ジャンプするときも着地するときも、その足の内側と股関節を意識する

①軸足に体重を乗せる

②軸足で軽くジャンプして、踏み出し足に体重を乗せる

③踏み出し足で軽くジャンプして、軸足に体重を乗せる。これを繰り返す

Q10 スイングで大事なことを教えてください

A 芯がボールに一直線に向かうように振ります

体重移動の次は、バットを振るときの腕の動きを覚えていきましょう。体重移動で踏み出し足に体重を移し始めて、かかとが地面に着いたときにバットを振り始めます。振り始めは、ひじは曲げたまま。後ろのひじ（キャッチャーに近い側のひじ）をおへそへ近づけてから、だんだんひじを伸ばしていきます。

腰と肩は円を描くように回転していきます。それに対して両腕は、バットの芯の部分がボールに対して一直線に向かっていくように動かしていきます。言葉では、ちょっと難しいかもしれませんね。でも、大丈夫。下の絵を見て、イメージで覚えましょう。

☝ ココが大事！ 大きなとうふを一直線に切るイメージで

ホームベースの上に大きなとうふがあると想像してください。それを手で一直線に切るには、だんだんひじを伸ばして、手が直線を描くようにします。ひじが伸びたまま切ると円の形で切れてしまい、一直線になりません。

ひじから先をうまく使えば、とうふが一直線に切れる

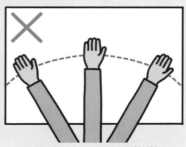

ひじが伸びたままだと、一直線に切れない

スイング

後ろのひじがおへそへ近づくようにする

①構える

②軸足から踏み出し足に体重を移し始める。踏み出し足のかかとが地面に着いたら、バットを振り始める。ひじを曲げたまま出していく。

③ひじをだんだん伸ばしていく

④最後に両腕を真っすぐに伸ばす

！気をつけよう

ひじを伸ばしたまま振ると力が弱くなる

振り始めからひじを伸ばしたまま振ることを、「ドアスイング」といいます。ドアスイングでは、バットを振る力が弱くなります。

振り始めたときからひじが伸びている

ひじが伸びたまま振ると、スイングの力が弱くなる

■腕の動きを覚えよう

ここからは、スイングの腕の動きを覚える練習を紹介します。動きはゆっくりでいいので、正しい形で繰り返して覚えましょう。

やってみよう1　チョップ

1 前の腕チョップ

肩の位置は動かさない

①前の腕を構える

②ひじを曲げたまま出していく

③ひじの位置を止めたまま、腕をだんだん伸ばしてチョップする

④最後に腕を真っすぐに伸ばす

2 後ろの腕チョップ

①後ろの腕を構える

②ひじを曲げたまま出していき、おへそに近づける

③ひじをだんだん伸ばしてチョップする

④最後に腕を真っすぐに伸ばす

3 両腕チョップ

後ろのひじがおへそへ近づくようにする

①構える

②ひじを曲げたまま出していく

③ひじをだんだん伸ばしてチョップする

④最後に両腕を真っすぐに伸ばす

🚩 やってみよう2 前の腕で引き戸を開ける

　スイングの前の腕の動きは、引き戸（横にスライドさせて開閉するとびら）を開けるときの動きに似ている。実際に引き戸を開けたり、ボールのかごを乗せるカートを真横に押したりしてみると、腕の動きをイメージしやすい。

肩の位置は動かさない

ひじを曲げたまま戸を開けていき、最後にひじを伸ばす

▶ やってみよう3　応援団

スイングの後ろの腕の動きを覚えるために、応援団のように動かしてみよう。

ひじを曲げたまま出していき、　そこからひじを伸ばしていく
おへそに近づける

👆 ココが大事！　バットの芯が直線を描くように振る

　ひじから先をうまく使ってバットを振れば、バットの芯の通り道（軌道）は直線になります。39ページの「引き戸を開ける」で、とびらが真横に動くのと同じ。軌道が直線になれば、強く振れます。ひじを伸ばしたまま振ると、軌道は円を描きます。そうなると、バットを振る力が弱くなるし、バットの芯にボールを当てるのも難しくなります。

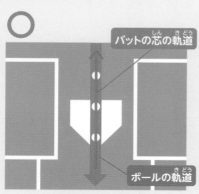

バットの芯の軌道が直線になっている

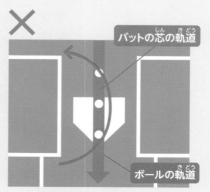

バットの芯の軌道が円になっている

バットの芯の部分がラインに沿うように振る

バットの芯の軌道が直線になるように、ラインの上にバットの芯を沿わせながら、ゆっくり振る。スローモーションでいいので、軌道と自分の動きを確認しながらやってみよう。

踏み出し足に体重を移し始めて、かかとが地面に着いたら、バットを振り始める

ひじは曲げたまま出していく。うしろのひじをおへそに近づける

ひじが真っすぐ伸びたときも、まだ芯の部分はラインの上にある

強い打球を打つには
どうすればいいですか?

A 一番力が入るところで
打ちます

次は、バットでボールを打つ位置（ミートポイント）を覚えましょう。

一番強い力で打てるところで打つのが理想です。それは、どこでしょうか？　踏み出し足を踏み込んだところから、地面に線を引いたと想像してください。その線の真上の空間のあたりです。ここにボールがきた

ときに打てるように、タイミングを合わせてバットを振りましょう。

ピッチャーが投げたボールは、ホームベースのほうに動いてきます。体重移動で生み出した力を、そのボールにぶつけるイメージで打ちましょう。

ミートポイント

ミートポイント
ここ（ストライクゾーン）にボールがきたときに打つと、一番強い力で打てる

一番強い力で打てるポイントについて、「踏み出し足を踏み込んだところから引いた線の真上」と説明しましたが、人によって背の高さや腕の長さなどが異なります。どこが一番強い力で打てるか、自分で探してみましょう。

一番強く打てるのは、一番力が入るところ。目の前に大きな物があるとしたら、それを一番強く押せるところです。2人1組になってバットで相手のお尻を押してみると、わかりやすいと思います。

やってみよう1

一番強く 押せるのはどこ？

2人1組になって、パートナーのお尻にバットを当てる。そこから強く押してみて、一番力が入るところを探そう。

バットを振ってお尻に当てるのではなく、お尻に当ててから押す

一番力が入って、強く押せるところ

遠すぎる

近すぎる

■体重移動と、腕の動きを合わせる

「軸足に乗せた体重を踏み出し足へ移動しながら、一番強く打てるところで打つ」という感覚を覚えるために、はじめはバットを使わずに、ドッジボールを投げる練習をしてみましょう。

これまでに覚えた体重移動と、腕の動きを合わせます。腕の力だけで投げるのではなく、体重を移動した力を使って、できるだけ遠くまでボールを飛ばしましょう。一番遠くまで飛んだときの、手からボールが離れる直前。そこが、一番強く打てるところです。

やってみよう2　必殺技投げ

必殺技を出すようにしてドッジボールを投げる。34ページの「やってみよう」をもう一度見て、しっかり体重移動しよう。どのタイミングでボールを放せば遠くまで投げられるか、試しながら投げよう。

①軸足に体重を乗せる

②踏み出し足に体重を移していきながら、できるだけ遠くへ飛ばせるところでボールを放す

やってみよう3　スイング投げ

　バットを振る動きで、ドッジボールを投げる。ピッチャーが投げたボールを真っすぐに打ち返すイメージで、ボールをピッチャーの方向へ真っすぐに投げる。前のページで練習した体重移動に、スイングの腕の動きを加える。39ページの「両腕チョップ」をもう一度見て、ひじから先をうまく使って投げよう。

後ろのひじがおへそへ近づくようにする

①ドッジボールを持って、バットと同じように構える

②踏み出し足に体重を移し始めたら、ひじを曲げたまま出していく

③ひじをだんだん伸ばしていき、ピッチャーの方向へ真っすぐ投げる

ココが大事！　ボールを直線の上に沿わせて投げる

　40ページで「バットの芯の軌道が直線になれば強く振れる」と説明したのを思い出してください。ドッジボールを投げる練習でも、ひじから先をうまく使って、ボールの軌道が直線を描くようにしましょう。最初からヒジが伸びたままだと、ボールが円を描いてしまいます。

ボールがラインの真上を通るように投げる

Q 12 どうしたらバットの芯でボールを打てますか?

A 予測と動きを合わせます

バットの芯でボールを打つ（ジャストミートする）には、ピッチャーが投げたボールを見ながら「このあたりにくる」と予測することと、予測したポイントに正確にバットの芯を出すことが必要です。

はじめにバットを使わない練習で、予測と自分の動きを合わせる感覚をつかむといいと思います。

やってみよう1 素手でボールを捕る

①軸足に体重を乗せて構えたら、パートナーにピッチャー方向からボールを投げてもらう

②踏み出し足に体重を移動しながら、前の手をボールに対して真っすぐに出す。一番強く打てるポイント（踏み出し足を踏み込んだところから引いた線の真上）にきたときにタイミングを合わせて捕る

やってみよう2 素手でボールを打ち返す

①軸足に体重を乗せて構えたら、パートナーにピッチャー方向からボールを投げてもらう

②踏み出し足に体重を移動しながら、前の手をボールに対して真っすぐに出していく

③一番強く打てるポイントで、手のひらでピッチャー方向に真っすぐ打ち返す

ワンポイントアドバイス ジャストミートするには練習あるのみ！

　ピッチャーが投げたボールは、いつも同じところにくるわけではありません。それをジャストミートするのは、すごく難しいこと。「予測」と「動き」のうち、どちらかがたった数センチでもずれると、芯には当たりません。はじめはなかなかうまくできないかもしれませんが、それが当たり前。練習して、だんだん合わせていきましょう。

Q13 どうしたらタイミングが合いますか?

A ボールがくるまでの時間を逆算して動き始めます

小学6年生の各チームのエースレベルのピッチャーの球速は90キロ前後だと言われています。この場合、ピッチャーが投げたボールが手を離れてからホームベースに届くまでにかかる時間は、約0.5秒から0.6秒です。

バッターは、ピッチャーの投球フォームに合わせて動き始めながら、ボールが手から離れてからのわずかな時間でスイングするかどうかを決め、一番強く打てるポイントにくるまでに間に合うようにバットを振り始めなければなりません。間に合わなければ、振り遅れてしまい、打てません。

やってみよう1
0.5秒を体感する

ストップウォッチで「0.5秒」をはかる

■タイミングが一定ではないから難しい

バッティングセンターのように、常に一定のリズムで、一定のスピードのボールがくるのなら、ボールがくるまでの時間は逆算しやすいでしょう。

しかし、ピッチャーの投球フォームは人によって異なります。また、ピッチャーはバッターのタイミングを外そうとして、速い球や遅い球を投げてきます。だから、ピッチャーが投げ始めてから、打つポイントにボールがくるまでの時間やリズムは、

一定ではありません。

　バッターの打撃フォームも、人によって異なります。スイングの速いバッターもいれば、遅いバッターもいます。動き始めてからボールを打つまでの時間やリズムも、バッターによって変わります。

　これらのことを考えながら、ピッチャーが投げたボールがくるまでのリズムと、自分が打つリズムを合わせて、間に合うように動き始めましょう。

　タイミングの取り方は人それぞれです。いろいろ試して、自分なりの感覚を身につけてください。

やってみよう2

「じゃん、けん、ポン」でタイミングを取る

　タイミングを合わせてスイングする練習として、「じゃん、けん、ポン」のリズムでスイングの動きをする。

① 「じゃん」で構える

② 「けん」で後ろの足に体重を乗せる

③ 「ポン」で打つイメージをする

ワンポイントアドバイス

打席に入る前にタイミングを合わせておく

　ベンチやネクストバッターズサークルで待っている間に、相手ピッチャーのフォームと一番速いボールに合わせて、「じゃん、けん、ポン」のリズムをとっていきましょう。ピッチャーによって「じゃん、けん、ポン」のときもあれば、「じゃーん、けん、ポン」のときもあります。打席に入る前に準備しておけば、ピッチャーと対戦したときにタイミングが合わせやすくなります。

Q14 センター返しが基本と言われるのなぜですか？

A 一番正確に打てて一番強い打球が飛ぶからです

スイングの力がボールに正確に伝わり、打球のスピードが速くなるのは、ホームベースに向かってきたボールを、その方向へ真っすぐに打ち返したときです。

そうやって打ち返すと、打球はセンター方向へ飛んでいきますよね？

つまり、「センター返し」の打球が一番正確で強い。打球が正確で強いということは、ヒットや長打になりやすい。だから「基本」と言われるのです。

ピッチャーが投げたボールがバットに当たると、当たった角度と同じ角度で反射して、飛んでいきます。

つまり、「きたボールをその方向へ真っすぐ打ち返す」ということは、ボールの軌道に対してバットの角度が90度になるように当てるということです。このように意識してバッティングをすると、より上達への近道となります。

ちょっと難しいかもしれませんね。これは理論で覚えるよりも、自分でいろいろ工夫しながら打ってみましょう。センター返しができたということは、いい形で打てたということです。

ボールの軌道とバットの角度が90度

①内角

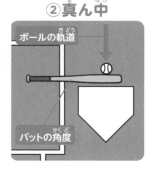

②真ん中

③外角

▐ やってみよう 置きティー打撃

「内角」「真ん中」「外角」の3カ所にティーを置いて、バットの芯がボールに当たるように打つ。

一番強く打てるポイントに置きティーを置いて、ボールを打つ。打球はセンター方向へ（ティー打撃用のネットを使う場合はネットに入るように）飛ばす。体重移動と腕の動きを思い出して、予測（置いてあるボール）と自分の動きを合わせよう

☝ ココが大事！ 自分で試して、正解を見つける

バッティング練習では、自分で考えながら、いろいろな打ち方を試してみるのが大切です。立つ位置、踏み出し足の踏み出し方、バットの出し方、体の回転など、正解は1つではありません。思いどおりの打球が飛ばせるように、自分なりの正解を見つけましょう。

📢 ワンポイントアドバイス 力まず、いつもどおりに

「打球を思い切り飛ばそう」として力を入れすぎたり、「チャンスで打ってやろう」と気持ちが入りすぎたりすることを、「力む」と言います。力むと、からだの動きが硬くなって、いつもの自分のスイングができなくなります。どんな場面でも「いつもどおりの自分」でいることが大事です。試合でも、練習でやってきたとおりにプレーしましょう。

51

自分だけの感覚をつかもう

　バッティングのフォームには、「ひじが……」とか「バットの角度が……」といった理論がたくさんあります。これを頭で覚えてから打つのではなく、まずは楽しみながら、打ちたい強さで、打ちたいところに打ってみましょう。

　うまくいったら、喜ぶだけではなく「なぜうまくいったんだろう？」と考えてみましょう。うまくいかなかったら、悔しがるだけではなく「次はこうしてみようかな」と考えて、試してみましょう。そうやって打球の結果から原因を考えて打っていると、「こうやって打ったときは、こういう打球が飛ぶ」という感覚がわかるようになります。

　この感覚がとても大事です。それは、自分だけのもの。自分だけの感覚が生まれたら、今度は感覚を育てていきましょう。「育てる」というのは、1球できたら2球、2球できたら3球と続けてできるようにすること。できるようになればなるほど、楽しさも増していきます。

　自分で考えて、工夫しながら練習すれば、どんどん打撃のレベルが上がっていきます。練習で3球でも5球でも連続でいい打球が飛ばせるようになれば、試合でも打てるようになります。バッティングを楽しんで、いいバッターになってください。

第3章

投げてみよう

いいボールを
投げられるように
頑張るぞ！

ピッチャーも野手も、
ボールを投げる基本は
同じですよ

Q 15 投げ方を教えてください

A まずは投げたいところへ 投げたいスピードで

　ピッチャーに限らず、守備で速い球を投げたり、狙ったところに正確に投げたりできると、野球がさらに楽しくなると思います。

　「どういうフォームで投げたらいいんだろう？」という理屈は、後から考えれば大丈夫です。まずは投げたいところへ、投げたいスピードで投げてみましょう。

　速い球を遠くまで投げようとすれば、コントロールするのが難しくなると思います。どのくらいの強さなら、どれくらいの距離まで、どれくらい正確に投げられるか。この感覚を自分で磨いていくのが大切です。

やってみよう 投げてみよう

投げたいところへ、思い切りボールを投げてみよう

■ 指先から的までのトンネルの中を通す

投げるときは、自分の指先から投げたいところ（的）まで、トンネルが通っていると想像しましょう。的は見ますが、的そのものを狙って投げるというよりは、投げたボールがトンネルの中を通っていくイメージで投げましょう。

トンネルの中にボールを
通すイメージで

▶ ワンポイント アドバイス　競争相手は自分

速い球で遠くまで投げられる人を見たら、「すごいな〜」と思いますよね。でも、50メートル投げられるから優れていて、30メートルしか投げられないから劣っているということではありません。人と比べるのではなく、自分と比べましょう。

1球でも思ったとおりに投げられたら、「こうやって投げたから、うまくいったのかな」と考える。もしうまくいかなかったら、「次はこうやって投げてみよう」と試してみる。そうやって2球、3球と思ったとおりに投げ続けられるようにしていくのが、うまくなるということです。

そこから「もっと速い球を投げるには、どうしたらいいんだろう？」「もっと正確に投げるには、どうすればいいんだろう？」と追及していけば、どんどんレベルが上がっていきます。

55

スローイングについて

Q 16 ボールの握り方を教えてください

A 親指、人差し指、中指の3本で握ります

最初に、ボールの正しい握り方を覚えましょう。ボールの真下を親指で支えて、ボールの真上に人差し指と中指をそえて、軽く握ります。

ボールの握り方

前から

真下を親指で支える。上は人差し指と中指をそえる

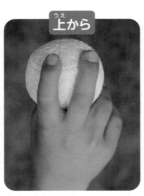

上から

人差し指と中指をボールの縫い目にかける

横から

手のひらとボールとの間に空間ができるように握る。深すぎたり、浅すぎたりしないように

！気をつけよう

正しく握れていますか？

ボールを正しく握れていないと、うまくボールを投げられなかったり、ケガの原因になったりします。特に親指の位置が正しくない人が多いので、しっかり確認してください。

親指がボールの真下からずれている

人差し指と中指がボールの真上からずれている

手が小さい人は ボールの上に3本そえる

手が小さい人は、ボールの上に
人差し指、中指、薬指の3本を
そえて握ってもかまわない

■ ボールをはなすとき

ボールは軽く握っておいて、はな
す瞬間だけ指先に力を入れます。ボ
ールを縦に回転させる（バックスピ
ンをかける）イメージで投げるとよ
いと思います。このときの指先の感
覚は「真っすぐつまみ出す」「はじ
く」「指にかける」などいろいろな
言葉で表されます。自分が思いどお
りにボールをはなせる感覚を見つけ
てください。

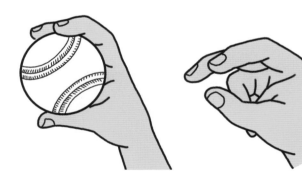

真っすぐつまみ出す
イメージでボールを
離す

ワンポイントアドバイス　ボールを握る練習もしておこう

ピッチャーがバッターに投げるときは、自分のペースでボールを正しく握ることが
できます。でも、守備ではきちんと握る余裕がない場合もあります。自分で空中に投
げたり、地面にワンバウンドさせたりしたボールを捕って、グラブの中で素早く握る
練習をしておきましょう。また、どんな握り方になっても投げられるように、普段の
キャッチボールなどのときから試しておきましょう。

Q17 投げたいところへ 投げるにはどうすれば？

A 投げたい方向へ 真っすぐに踏み出します

　投げるときに踏ん張る足（投げる手の側の足）を「軸足」、上げる足（グラブ側の足）を「踏み出し足」といいます。

　投げたいところへ投げるには、まず軸足のスパイクの内側（つま先とかかとを結んだ線）を投げたい方向に対して90度になるように向けて、軸足を置きます。ピッチャーの場合は、ピッチャープレートがホームベースの方向に対して90度になって

いるので、スパイクがプレートと平行になるように踏みます。

　そして、踏み出し足を上げたあと、つま先を投げたい方向に対して真っすぐに向けて着地させて、投げるだけ。そうすれば、その方向に向かって腕が振れるので、ボールも投げたい方向へ向かっていきます。

足の向き

①軸足のスパイクの内側を投げたい方向に対して90度に向ける

②踏み出し足を投げたい方向に対して真っすぐ踏み出す

■ボールをコントロールするのは、軸足の向き

　50ページで「きたボールをその方向へ打ち返すには、ボールの軌道とバットの角度が90度になるように当てる」と説明したのを覚えていますか？

　前のページで説明した「投げたいところへ投げるには、軸足のスパイクの内側を投げたい方向に対して90度になるように向ける」というのも、同じですね。投げたボールが、軸足のスパイクから90度の方向に飛んでいく軌道をイメージするとよいと思います。

　極端にいえば、軸足のスパイクが投げたい方向に対して90度になってさえいれば、あとは目をつぶって投げても、だいたい投げたい方向へ投げられます。ボールをコントロールするのは、目ではなく、軸足の向き。これを覚えておいてください。

⚠ 気をつけよう

軸足がずれると踏み出し足もずれる

　軸足のスパイクの内側が投げたい方向に対して90度になっていないと、踏み出し足も自然とずれた方向に着地してしまいます。その結果、ボールもずれた方向へ向かっていきます。

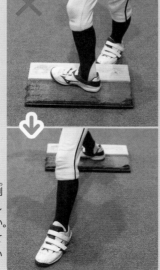

軸足のスパイクの内側が投げたい方向に対して90度になっていない。その方向へ踏み出してしまうので、投げたい方向に投げられない

Q18 速い球を投げるにはどうすればいいですか?

A 体重移動が大切です

速い球を投げるために大切なことは、32ページでお伝えした「打球を遠くに飛ばす」と同じで、体重移動です。

いったん軸足に体重を乗せて、力をためます。その力を投げたい方向に対して真っすぐ移していけば、速い球が投げられます。

ワンポイントアドバイス

腕の力ではなく、体重移動の力を使う

速い球を投げようとして、腕を速く振ろうとするのではありません。軸足の内側を意識して、踏み出す足へ一気に体重を移動します。その力を使ってからだを速く回転させることで、速い球が投げられます。

投げるときの体重移動

軸足のひざが外側を向かないようにする

①踏み出す足を上げて軸足に体重を乗せ、足の内側に力をためる

②軸足の内側を意識して、前へ踏み出す

③踏み出し足に体重を乗せ、投げたい方向に真っすぐに体重を移しながら、からだを回転させて投げる

①踏み出す足が着いたとき、グラブ側の肩が前、投げる側の肩が後ろ。両肩を結んだ線を投げたい方向に真っすぐに。キャッチャーやバッターに胸を見せていないので、体の幅が狭く見える。

②投げるときに、肩が入れ替わる。投げる側の肩が前、グラブ側の肩が後ろになる

■肩を入れ替える

　体重移動がしっかりできれば、腰が速く回転します。腰の回転によって、投げる側の肩とグラブ側の肩が入れ替わるように速く回転します。その結果、腕が速く振られるので、速い球が投げられます。

　大事なのは、踏み出し足が着地したときには、まだ腰を回転させていないこと。言いかえると、両肩を結んだ線を投げたい方向に真っすぐ向けていることです。

⚠気をつけよう

踏み出すときに肩を開かない

　踏み出し足が着地したときに、すでに腰を回転させはじめている状態を、「肩が開いている」といいます。キャッチャーやバッターに胸を見せている状態で、体の幅が広く見えます。これだと腕の力だけにたよった投げ方（いわゆる「手投げ」）になるので、速い球が投げられません。

踏み出したときにキャッチャーやバッターに胸を見せていると、手投げになる

Q19 キャッチボールで大切なことを教えてください

A いろいろな種類の練習をしましょう

キャッチボールには、「投げる」「捕る」という動きの基本がつまっています。練習や試合の前には必ずすると思いますが、ただの肩慣らしではありません。投げるときの軸足の向きや、ボールが指先から的までのトンネルを通っていくイメージなどを確認しながら、1球1球ていねいにおこないましょう。

キャッチボールでは「相手の胸を狙って投げるのが基本だ」と言われます。これは、相手が一番捕りやすく、投げる動作に移りやすいところが胸だからです。

ただし、試合では、いつも胸を狙って投げればいいわけではありませ

🚩 **やってみよう1**

いろいろな高さを狙って投げてみよう

相手の胸の高さを狙う

相手の腰の高さを狙う

相手のひざの高さを狙う

ん。

たとえば捕った後にランナーにタッチしやすいように、低い球を投げなければならない場合もあります。普段からいろいろなところを狙って投げる練習をしておきましょう。試合でいつも自分の投げたい形で投げられるのは、ピッチャーだけ。野手はボールを捕ったあと、いろいろな体勢から、いろいろな投げ方で、いろいろなところへ投げなければなりません。基本の練習はもちろん大事ですが、応用も大事です。

▶ やってみよう2

いろいろな投げ方で投げてみよう

上から

横から

下から

📢 ワンポイント アドバイス　昨日より今日、今日よりも明日

野球を始めたばかりのころから、キャッチボールで遠くまで投げる必要はありません。今、自分はどこまで投げられるのかを知って、明日は10センチでも遠くへ投げられるように工夫しましょう。

少しでも遠くへ投げられたら、今度は少しでも正確に投げられるように工夫しましょう。その積み重ねで、どんどんレベルが上がっていきます。

■キャッチボールで感覚をつかむ

「ボールをコントロールするのは軸足の向き」とお伝えしましたが、細かいコントロールには、指先の感覚や手首の使い方なども大事です。

どこでボールを離せばいいか、どれくらいの力で投げればいいかといった感覚をキャッチボールでつかみましょう。

普段の練習から自分で考えて、いろいろ試しながらキャッチボールをしておくとよいと思います。速い球を投げるだけではなく、あえて遅い球や山なりの球、ワンバウンドする球などを投げてみましょう。

捕るときもあえて正面ではなく、体の右側や左側など、いろいろなところで捕って、そこから投げたいように投げられるようにしましょう。

遊び感覚でかまいません。いろいろな種類のキャッチボールをしておけば、試合でもあわてることなく、とっさのプレーができるようになります。

▶ やってみよう3

ノーステップでキャッチボール

2人1組になって約10メートルの距離をとり、ノーステップでいろいろな投げ方を試しながらキャッチボールをする。あえて投げたい方向に踏み出さず、どんな投げ方でも投げたいところへ投げられる感覚をつかむ。指先から的までのトンネルを通すイメージを持って、やってみよう。

☝ ココが大事！ キャッチボールで自分の状態を知る

キャッチボールには「今日の自分の状態を知る」という目的もあります。もし肩やひじなどに少しでも痛みがあれば、無理をしてはいけません。また、体のどこかがいつもどおりに動いていなければ、キャッチボールをいったんやめて、もう一度ストレッチをしてから再開しましょう。

やってみよう4　あお向けキャッチボール

　地面（もしくは床）にあお向けに寝て、空（もしくは天井）に向かって一人で
キャッチボールをする。正確に同じところ（真上）へ投げなければ、続かない。
何球でも続けられるように、やってみよう。

①仰向けに寝る

②ボールを真上に投
げる

③落ちてきたボール
を捕って、また投げ
る

Q20 ピッチャーの一塁けん制のしかたを教えてください

A 構えと、一塁への踏み出し方を覚えましょう

　けん制は、ランナーの進塁や失点を防ぐためにとても大切です。

　ランナーをアウトにすることだけが目的ではありません。「ランナーのスタートを少しでも遅らせる」「バッターやランナーの様子をみて、相手の作戦を予測する」「けん制に時間を使うことで、バッターとの『間』をとる」など、いろいろな意味があります。

　ランナーが出たら、ピッチャーはセットポジションで構えてから投げます。セットポジションとは、軸足でプレートを踏み、踏み出し足を前（キャッチャー寄り）に置いた状態で立ち、ボールを体の前で持って1秒以上静止することです。

　バッターに投げるときも、けん制するときも、セットポジションの姿勢が同じになるように構えましょう。両足の幅はどれくらいがいいか、グラブを構えるのはどのくらいの高さがいいかなど、自分でいろいろな構えを試してみましょう。バッターに投げたりけん制をしたりしてみて、自分が一番投げやすい構えを見つけるのが大切です。

構え（セットポジション）

セットポジションでは、バッターに投げるときも、けん制するときも同じように構える

! 気をつけよう

セットポジションのくせをなくそう

　右ピッチャーのセットポジションは、バッターに投げるときの構えとけん制するときの構えを比べて違いがあると、ランナーが「けん制がくる」と判断しやすくなってしまいます。

けん制のときだけ左肩を引いている

けん制のときだけ両足の幅が狭い

■ワンパターンは禁物

　けん制するにしてもバッターに投げるにしても、セットポジションから投げ始めるまでのタイミングがワンパターンにならないように注意しましょう。

　たとえば「セットポジションに入って3つ数えたら、バッターに投げる」というような傾向があると、ランナーがスタートを切りやすくなってしまいます。

　時間をいつもよりも長くすればランナーはスタートが切りにくくなるので、それだけでもけん制と同じ意味があります。

ワンポイントアドバイス けん制はピッチングにつながる

　けん制がうまくできれば、「ランナーに走られたらどうしよう」という不安が減らせるので、いい投球ができるようになります。ピッチャーはピッチング練習だけではなく、けん制も練習しましょう。けん制は練習すればするほど、うまくなります。

■一塁けん制の踏み出し方

セットポジションから一塁へけん制するときの踏み出し方は、右ピッチャーと左ピッチャーで異なります。

どちらも「一塁方向へしっかり踏み出す」という点は共通です。

右ピッチャーの一塁けん制

①バッターに投げるのと同じように構える

②右足をプレートの後ろに外す

③からだを回転させる

④左足を一塁方向へしっかり踏み出して投げる

⚠ 気をつけよう

軸足を外すときはプレートの後ろへ

軸足をプレートの前に外すと、ボーク（ピッチャーの反則）になります。必ずプレートの後ろへ外しましょう。ボークについては、１３４ページで説明しますので、確認してください。

プレートの前へ外すとボーク

左ピッチャーの一塁けん制

①バッターに投げるのと同
じように構える

②踏み出し足をしっかり
一塁方向へ踏み出す

③投げる

⚠ 気をつけよう

左ピッチャーは踏み出し足に注意！

　左ピッチャーのけん制は、踏み出し足の上げ方と踏み出し方に注意しましょう。「一塁方向へ踏み出していない」、「踏み出し足が軸足よりも左へ出てから（細かくいえば、踏み出し足がピッチャープレートの後ろのふちを越えてから）けん制した」などの場合は、ボークになります。

一塁方向へ踏み出さなかった

踏み出し足が軸足よりも左へ出てから
けん制した

全員に大事な役割がある

　野球は「遠くへ打球を飛ばすバッター」や「速い球を投げるピッチャー」だけが活躍するスポーツではありません。塁に出るのが得意な人もいれば、ランナーを進めるのが得意な人もいるでしょう。また、守備がうまい人や、走るのが速い人もいます。

　試合に出ている人だけではありません。ベンチで仲間を励ます。相手チームを観察する。ベースコーチとして冷静に試合を見て、ランナーに指示をする。バッターが打ったあとのバットをひろう。体格が小さくても、打つことや守ること、走ることなどが苦手でも、自分が得意なことやできることを発揮して活躍できます。

　チームは、いろいろな役割の人がいて成り立っています。みんなで力を合わせたり、助け合ったりして、チームが勝つ。それぞれが頑張っているところをお互いに見つけ合う。それが野球というスポーツのおもしろさであり、すばらしさではないでしょうか。

　みなさんが野球をするとき、あるいは見るときに、「誰が、どんな役割で頑張っているのかな」という視点をもってみてください。ピッチャーとバッターの1対1の真剣勝負はもちろん魅力ですが、それ以外にも新たな楽しさが見つかると思いますよ。

第4章
守備の基本を身につけよう

うまく
なりたいです！

この章では、
守備の基本をお伝えします。
基本を身につければ
守備も楽しくなりますよ

どんな姿勢で構えればいいですか?

A どの方向へでも動けるように構えます

　野手は、打球がどこに、どんなふうに飛んできても、すばやく反応できるように備えておきましょう。

　それには、まず構えから。大事なのは前後左右のどの方向へも動ける姿勢をつくっておくこと。構えたときに力が入っていると動き出しにくいので、力を抜いて構えましょう。

構え

正面

両足は肩幅よりも広めに

横から

ひざがつま先よりも前に出ないようにする

股関節を曲げることで、ひざを自然に曲げる

⚠ 気をつけよう

間違った構えからでは、すばやく動けない

体が正しく前かがみになっていれば、足を動かしやすいので、すばやい反応ができます。右のような姿勢になっていると、足が動かしにくいので、反応が遅れてしまいます。

足が伸びきっている×

構えが低すぎる×

■ 構えの姿勢

構えの姿勢を自然に覚える方法があります。

まず、2人1組になってください。1人がボールを投げ、もう1人が捕ります。投げる側は、捕る側の前後左右のどこに投げてもかまいません。

ただし、投げる前に「行くよ！」と言ってあげましょう。

「行くよ！」と言われたら、捕る側の人は自然に準備しますよね？ それが構えの姿勢です。

🚩 やってみよう 構えの姿勢をつくる

①2人1組になって向かい合う。片方がボールを持つ

②投げる側がボールを投げる前に「行くよ！」と言う。そのときに捕る側がとった姿勢が、そのまま構えになる

Q22 守備について
すばやくスタートするにはどうしたらいいですか？

A スプリットステップをします

打球に対してすばやく1歩目をスタートできれば、それだけ追いつける可能性が高くなり、アウトにできる確率が上がります。

ピッチャーが構えたら、野手も構えます。そして、バッターがバットを振るのに合わせて、両足が地面から浮き上がる程度に軽くジャンプして、バットに打球が当たる瞬間（インパクトの瞬間）には空中にいるようにします。この動きを「スプリットステップ」といいます。

スプリットステップをしていれば、インパクトの瞬間に打球の方向を判断して、着地したときにすばやくスタートを切ることができます。右方向へは右足から、左方向へは左足から動き出します。

スプリットステップから動き出す

①構える

②インパクトの直前に、その場で軽くジャンプする

③打球を判断しながら、着地する

クロスステップは△

クロスステップ（打球方向と逆足から動き出すこと）は間違いではありませんが、インパクトでの打球判断で逆をつかれたとき（判断した方向と実際の打球の方向が違ったとき）に修正がしにくくなります。

スプリットステップで着地してから、打球方向と逆の足から動き出すのが「クロスステップ」

⚠ 気をつけよう

動き始めの1歩目で、強く踏み出す

動き始めは小さなステップで、強く踏み出しましょう。陸上選手が走り始めは低い姿勢から小股で走り出して、徐々に大股になっていくのと同じです。体が伸びあがったら、スピードが遅くなってしまいます。

1歩目で体が伸びあがっている×

④打球方向の足からスタート　　　⑤低い姿勢で強く踏み出す

Q23 フライの捕り方を教えてください

A 落下点に入り、低い姿勢のまま動いて捕ります

　フライを捕るのは、最初はとても難しいものです。打球の角度やスピードから判断して、「このあたりに落ちてくるだろう」というところ（落下点）を見極め、そこへ動いていきます。打球が近づいてきたら、低い姿勢のまま自分の位置を前後左右に細かく修正して、捕ります。

フライの捕り方

①構えからスプリットステップをして動き出す

②予測した落下点に入る

③低い姿勢のまま動いて、位置を修正して捕る

気をつけよう

落下点では低い姿勢を保つ

フライの落下点に入ったら、前後左右に動けるように低い姿勢のままボールが落ちてくるのを待ちましょう。伸びあがって待つと、落下点を細かく修正しにくいので、ボールを落としやすくなります。

低い姿勢のまま待つ

伸びあがってしまうと、落下点の修正がしにくい

ワンポイントアドバイス　落下点に入るには？

フライの落下点に入れるようになるには「こういう打球はこのあたりに落ちてくるだろう」という感覚がつかめるまで、何度も何度も繰り返して練習するしかありません。言いかえると、失敗すればするほど、うまくなるということです。失敗を怖がらず、思い切ってプレーしましょう。

■フライを追うときの走り方

　フライを追うときは、打球を見て動き出して、見ずに走って、また見る。最後にグラブを出して捕ります。打球を見続けながら走るのではありません。

　打球を見続けたまま走ると目線が動くので、ボールがブレて見えてしまい、落球の原因になります。また、体が固まってしまって走りにくいので、落下点に早く入れません。

フライの追い方

①構える

②スプリットステップをして、打球を見て動き出す

③打球を見ずに走る

④打球を見て、落下点に入る

⑤低い姿勢のまま動いて、位置を修正して捕る

走り方は、普段の走り方と同じ。「走っていて、その手にグラブをはめているだけ」というイメージです。走って、走って、最後にグラブを出して捕ります。最初からグラブを出しながら走ると、走るスピードが遅くなってしまいます。ウォーミングアップでグラブをはめてランニングするなど、普段からグラブをはめて走る練習をしておきましょう。

⚠ 気をつけよう

前を向いたまま後ろへ下がらない

後ろへの打球を追いかけるときは、顔だけを打球に向けて半身になって下がるか、打球を見ずに後ろへ走るようにします。前を向いたまま後ろへ下がってはいけません。走るスピードが遅くなるだけではなく、足が引っかかって、転んでしまう危険があります。

前を向いたまま後ろへ下がらない

■「ボール—道具—目の法則」

ボールは必ず前から飛んできます。飛んでくるボールと目の間にグラブがくるように出して、捕ります。「ボール—道具—目の法則」と覚えておきましょう。

たとえば、ハサミで紙を切る動作を思い浮かべてください。紙と目の間に道具（ハサミ）がくるようにして、見やすいところで作業しますよね？　それと同じです。

ボールと目の間にグラブがある

ワンポイントアドバイス 無理に両手で捕ろうとしない

無理に両手で捕ろうとすると、添える手を出したときに体の向きが少し変わってしまいます。そのときに目線も変わってしまうので、大事に捕ろうとしたつもりが、かえって捕りそこねてしまう場合があります。

やってみよう フライを捕る練習

打球を見続けながら走るのではなく、「打球を見て動き出して、見ずに走って、また見る。最後にグラブを出して捕る」ための練習。地面に紙などを置き、踏まないようにしながら落下点まで動いて、フライを捕る。

①構えたら、パートナーにフライを投げてもらう。打球を見て走り始める

②いったん地面を見て、紙を踏まないように落下点まで動く

③ボールを見て、捕る

Q24 ゴロの捕り方を教えてください

A 捕球から送球までの動きをひと続きで覚えましょう

74ページでお伝えしたスプリットステップから、転がってくる打球に向かって動いていきます。ボールに近づいたら小刻みにステップして、捕る直前に軸足（右投げの場合は右足）が地面に着いているようします。そして、踏み出し足（右投げの場合は左足）を前に出すのと同時にグラブを出して、捕ります。捕った後、踏み出す足が地面に着きます。

ゴロを捕球してから送球までの動き

①打球に向かって動いていく

②捕る直前に軸足が着地する

③踏み出し足が前へ出ていくのと同時にグラブを出す

④踏み出し足が着地すると同時に捕ったら、投げる手でグラブにフタをする

ゴロを捕ったあと、投げたいところへ正確に投げてはじめてアウトにできます。送球がそれると、アウトにできないだけではなく、ランナーに余計な進塁を許してしまうかもしれません。捕ったら、グラブを胸の前に引き寄せて、ボールをすばやく握ります。同時に、軸足のスパイクの内側を投げる方向に対して90度に向けて出していきます。そこから踏み出す足を投げたい方向へしっかり踏み出して、投げます。

☝ ココが大事！ 捕ってからボールを握るまで

ゴロを捕ったら、ボールが出ていかないように投げる手でフタをしましょう（P82写真④）。そして、グラブを胸の前に引き寄せて、ボールを握ります（写真⑤）。いつでも胸の前に持ってくれば、いつでも同じように握って、同じように投げられます。

胸の前に持ってきていない

⑤軸足を投げる方向へ送り出す。同時にグラブを胸の前に引き寄せて、ボールを握る

⑥軸足のスパイクの内側を投げる方向に対して90度に向ける

⑦踏み出し足を投げる方向に踏み出す

⑧投げる

こちらもチェック ➡ P58足の向き

■バウンドの合わせ方

バウンド（ボールがはずむこと）してくるゴロを捕るには、バウンドの落ち際か、上がり際（ショートバウンド）にタイミングを合わせてグラブを出します。

バウンドの途中（ハーフバウンド）に合わせようとすると、不規則なバウンド（イレギュラーバウンド）に対応しにくくなります。

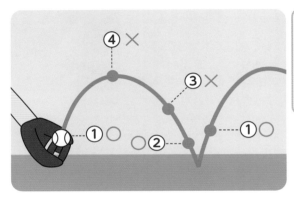

①=ボールの落ち際
②=ボールの上がり際
③=×ハーフバウンド
④=×ボールが上がり切ったところ

①か②で捕れるようにバウンドを合わせる

ワンポイント
アドバイス　バウンドをうまく合わせるには？

バウンドをうまく合わせて捕るには、打球のスピードとバウンドのしかたを見ながら「このあたりで捕れる」という地点を見極めて、動いていかなければなりません。フライの落下点に入るのと同じで、その感覚をつかめるように、たくさん練習しましょう。

■「ボール─道具─目の法則」

　フライと同じように、ゴロの場合も「ボール─道具─目の法則」でグラブを出しましょう。前から転がっ | てくるボールと目の間にグラブがくるように出して、見やすいところで捕りましょう。

「ボール─道具─目の法則」＝ボールと目の間にグラブがある

見えないところで捕らない

こちらもチェック➡P80「ボール－道具－目の法則」

ココが大事！ グラブは下から上に動かそう

　ゴロをボールの上がり際で捕るとき、ボールは必ず下から上にはねてきます。
そのボールをグラブにやさしく迎え入れるために、下から上にグラブを動かします。上から下に動かして捕ろうとすると、グラブとボールが勢いよくぶつかるので、はじいてしまってうまく捕れません。

グラブを下から上に動かして捕る

■グラブを立てる

ゴロを捕るときは、ひじや手首の力を抜いたまま、ボールに対して手のひらを向けましょう。これが「グラブを立てる」ということです。そうすれば、グラブの捕球面が自然にボールに向き、やさしく迎え入れる準備ができます。

手首を伸ばして、ボールに手のひらを向ける

⚠ 気をつけよう

「グラブを垂直にする」ではない

「グラブを立てる」というと「地面に対して垂直にする」と思いがちですが、そうではありません。グラブを地面に対して垂直にしようとすると、手首を曲げることになります。そうなると手首に余分な力が入ってしまって、グラブをうまく使えません。また、捕るときに手首を返してすくい上げることになるので、ボールをはじきやすくなってしまいます。

手首を曲げて、すくい上げない

✋ ココが大事！　目的はアウトにすること

　ここまでゴロの捕り方を説明しましたが、いつも同じ動きができるわけではないのが野球の難しいところであり、おもしろいところです。

　目的はアウトにすること。これを忘れないでください。いつもと違う形になっても、捕らなければいけないし、投げなければいけません。

　体の正面で捕るのが基本ですが、いつも正面に入れるとは限りません。無理に正面で捕っても、捕るまでに時間がかかってアウトにできなかったらもったいない。アウトにできるなら、逆シングル（グラブをしている手を反対側に伸ばして片手で捕ること）でも、どんな捕り方でもかまいません。

　味方のバッテリーが打ち取った打球をアウトにするために、普段の練習からいろいろな捕り方で捕って、いろいろな投げ方で投げられるようにしておきましょう。

▶ やってみよう1　手投げゴロ捕り1

２人で向かい合い、その場から動かずにゴロを転がし合う

①パートナーの正面にゆるいゴロを転がす

②「ボール—道具—目の法則」で捕り、捕ったら投げる手でフタをする

③グラブを胸の前に引き寄せて、ボールを握る。パートナーに転がして返す

パートナーにゴロを転がしてもらい、投げ返す。

①構える

②投げる瞬間をバッターのインパクトに見立てて、スプリットステップをする

③打球に近づいて、バウンドを合わせる

④捕ったら、投げる手でフタをする

⑤グラブを胸の前に引き寄せて、ボールを握る。軸足のスパイクの内側を投げる方向(パートナー)に対して90度に向ける

⑥踏み出し足を投げる方向に踏み出して、投げる

やってみよう3

カベ当て

　カベ（もしくはカベ当て用のネット）に向かってボールを投げて、跳ね返ったゴロを捕る。【注】危険がなく、まわりに迷惑にならない場所を選んでおこなう。

ココが大事！

反復練習で基本を覚えよう

　「カベ当て」も前のページのゴロ捕りも、単純ですが、基本がつまった大事な練習です。

　スプリットステップ、捕ってから投げるまでの動き、バウンドの合わせ方、「ボール―道具―目の法則」などの基本を確認しながら、何度も繰り返しましょう。×のような形だと、せっかく繰り返しても、効果が少なくなってしまいます。

○ 軸足のスパイクの内側を投げる方向（かべ）に対して90度に向ける

○ 投げたらすぐに構えて、かべに当たる瞬間（インパクトの瞬間）にスプリットステップをする

× 軸足のスパイクの内側を投げる方向に向けていない

× スプリットステップをしていない

キャッチャーについて

Q25 捕手のキャッチングで大事なことは何ですか？

キャッチャー（捕手）が投球を捕るときに大事なのは、しっかり捕って、捕ったあとにミットを動かさないことです。

しっかり捕れば、キャッチャーミットから「パン！」といい音が鳴ります。ピッチャーはいい音が鳴っているのを聞くと、「球が走っているな」と感じるので、自信を持って投げることができます。

いい音が鳴るようにしっかり捕る

「ボール―道具―目の法則」＝ボールと目の間にミットがくるようにして捕る

気をつけよう

ひじをどれくらい曲げるか？

捕ったときに腕が伸びきっていたり、縮まりすぎたりしていると、ボールの勢いでミットが動いてしまいやすくなります。ひじがどれくらい曲がっていればしっかり捕れるか、自分でいろいろ試してみましょう。

腕が伸びきっている×

腕が縮まりすぎている×

■ワンバウンドをしっかり止めよう

ワンバウンドした球は、ミットで捕れなければ、体（プロテクター）で止めましょう。体の力を抜いて、両ひざを地面につけます。ボールが股の間を抜けていかないように、ミットでふたをしましょう。

コース別に、ボールがホームベースの方向に跳ね返るように体を向ける

ココが大事！ 中華鍋になれ！

ワンバウンドを止めるときは、体を中華鍋のように丸めてボールに向けます。ボールの勢いが吸収できるだけではなく、体に当たったボールは、ホームベースの方向に転がります。体を鉄板のようにそらせると、ボールを大きくはじいてしまいます。

体を中華鍋のように丸める

体を鉄板のようにそらせない

Q26 キャッチャーの二塁送球について教えてください

A 正確さが一番大切です

二塁への盗塁を防ぐことができれば、チームは助かります。バッテリーの共同作業ですが、キャッチャーの送球が特に大事です。

捕ってから送球が二塁に届くまでの時間を、どこで短くするかを考えましょう。ポイントは「捕ってからすばやく投げる」「速い球を投げる」「タッチしやすいところに正確に投げる」の3つです。

特に重要なのが「正確に投げる」です。いくらすばやく投げたり速い球を投げても、二塁ベースに入った選手が捕れなかったり、タッチまでに時間がかかれば、アウトにはできません。

キャッチャーの二塁送球

①構える　②踏み出し足に体重を乗せていく　③捕る

☝ ココが大事！ 踏み出し足に体重を乗せながら捕る

　二塁へ送球するときは、体の近くでボールを捕ります。ミットを引いて近づけるのではありません。踏み出し足に体重を乗せていく分、体が前に出ていくため、自然に体がミットに近づいていきます。

　【注意】打者がスイングすることもあります。前に出過ぎてバットがミットなどに当たったり、スイングを邪魔したりすると、打撃妨害になってしまったり、ケガの恐れもあります。十分に気をつけましょう。

こちらもチェック⇒ P135 野手のルール違反

📢 ワンポイントアドバイス バッターやランナーを観察しよう

　盗塁を防ぐために限らず、キャッチャーはつねにバッターやランナーの動きをよく観察しておかなければなりません。捕る瞬間はボールしか見ることができませんが、それまではできるだけ打者や走者の動きを視野に入れておきましょう。

④軸足のスパイクの内側を二塁ベースへ90度に向ける

⑤二塁方向へ真っすぐ踏み出す

⑥投げる

Q27 ファーストの捕球について教えてください

ファーストの守備は、とても重要です。ファーストゴロを捕るのはもちろんですが、内野手からの送球も捕らなければなりません。バッテリーが打ち取って、内野手がゴロを捕ってくれた。それをアウトにできるかどうかは、ファーストにかかっています。

内野手からの送球は、左右や高低にそれることがあります。どこに、どんな送球がきてもすぐに動いて捕れるように、準備しておきましょう。

基本的には軸足でベースを踏みますが、例外もあります。たとえば右投げのファーストで、送球が右にそれたときは、左足で踏むほうが捕りやすい場合もあります。いろいろな形で捕ってアウトにできるように練習しましょう。

送球の待ち方

①ベースを踏んで送球を待つ

②もう片方の足を踏み出して捕る

A 送球を捕るための準備が大切です

ココが大事！ 足を踏み出すタイミング

はじめから足を大きく踏み出して、体を伸ばした状態で送球を待っていると、送球がそれたときに対応できません。すぐに動ける体勢で待ち、野手の送球が手から離れて、どんな送球かを判断してから足を踏み出しましょう。

!気をつけよう

内野手に近い側の角を踏む

踏む場所は、ベースの角です。送球を早く捕れるように、送球してくる内野手に近い側の角を踏みましょう。ベースの上や、ファウルライン側の角は踏まないこと。ベースを踏もうとして走ってくるランナーとぶつかったり、足を踏まれたりする危険があるからです。

投げてくる内野手に近い側のベースの角を踏む

ベースの上を踏まない

ファウルライン側の角を踏まない

Q28 ファーストのショートバウンドの捕り方は?

A ファーストミットを下から上に動かして捕ります

　ファーストがショートバウンドを捕るのがうまければ、内野手は安心して送球することができます。

　捕るときは、ゴロの捕り方と同じように、ファーストミットを下から上に動かします。

　ベースを踏んでいる分、ゴロを捕るときよりも難しいと思います。チームを助けるために、送球がどんなバウンドになっても捕れるように練習しておきましょう。

ショートバウンドの捕り方

①ベースを踏んで送球を待つ

②低い姿勢になってファーストミットを下げ、バウンドを見極める

96

⚠️ 気をつけよう

上からかぶせない

　ショートバウンドに対してファーストミットを上から下に動かして、かぶせるようにして捕ろうとすると、ボールをはじいてしまいます。後ろにもそらしやすいので、「下から上に」を徹底しましょう。

上から下にかぶせない

動かすのはミットだけ。
顔の位置は動かさない

③バウンドに合わせて、ファーストミットを
下から上に動かして捕る

📣 ワンポイントアドバイス

捕る？　止める？

　ショートバウンドは、捕ればアウト。捕れなくても、ファーストミットや体に当てて止めれば、バッターランナーはセーフになっても、一塁でストップします。でも、無理に捕ろうとして結果的に後ろにそらしたら、二塁まで進んでしまいます。捕るのか、止めるのか、点差や状況によって判断しましょう。

こちらもチェック →P85 グラブは下から上へ動かそう　　97

Q 29 中継プレーについて教えてください

A 半身になって中継のライン上で捕ります

　外野手からの送球を内野手が受けて、送球をつなぐプレーを「中継」といいます。外野手と、送球する塁を真っすぐ結ぶ線（ライン）を思い描いてください。中継する選手は、その途中に入って送球をつなぎます。

　キャッチボールで3人1組になって、1人が中継に入るなど、普段から練習しておきましょう。

中継への入り方

①ライン上に入って、「ここへ投げてこい！」という的をつくる

②相手が投げたら、グラブがライン上にあるように動いて、半身になって捕る

✊ ココが大事！ 半身になる

「半身になる」というのは、投げてくる相手に自分の体の側面（投げる手の側）を見せるということです。そうすることで、送球がすばやく、正確にできます。

投げてくる相手に対して正面を向いたまま捕ると、自分の後ろの方向に投げることになります。投げるときに体を回転させなければならないので、投げる方向に対して軸足のスパイクの内側を向けるのが難しい（方向がズレてしまいやすい）し、時間もかかります。

半身になる

正面を向かない

⚠ 気をつけよう

体ではなく、グラブがライン上

中継に入るときには、自分の体の位置に気をつけましょう。捕るときにラインの上にあるのは、グラブです。自分の体がラインの上にあると、送球のラインが真っすぐになりません。その分、届くまでに時間がかかってしまいます。

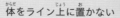

体をライン上に置かない

Q30 外野手のゴロ捕球と送球について教えてください

A 投げる方向に向きながら、体の幅の中で捕ります

外野手の後ろには、誰もいません。ゴロを捕ってからすばやく投げるのも大事ですが、まずはしっかり捕りましょう。投げ急いで、ボールから目を離さないこと。グラブではじいたり、後ろにそらしたりしてしまいます。

ゴロは、体の幅の中で捕ります。そうすれば、バウンドが変わっても、体に当てて止めることができます。

体の幅の中で捕る

! 気をつけよう

体の幅の外で捕らない

ゴロを体の幅よりも外（体の横）で捕ろうとすると、バウンドが変わったときに後ろにそらしやすくなります。

体の幅よりも外で捕らない

✌ ココが大事！ 投げる方向にふくらみながら打球に近づく

　外野へゴロが飛んできたら、投げる方向に向かってふくらみながら打球に近づいていきます。そうすると、捕ったあとに軸足のスパイクの内側と踏み出し足を投げる方向に向けやすいので、すばやく送球できます。

　打球に向かって一直線に近づいて捕ると、そこで急ブレーキをかけて、投げる方向へステップをしなければなりません。動きが難しいし、時間もかかります。

例) センターが三塁へ投げるとき

投げる方向へふくらみながら打球に近づく

一直線に打球に近づかない

■外野手がゴロを捕るときの足運び

外野手がゴロを捕るときは、踏み出し足を前に出して捕る場合と、軸足を前に出して捕る場合があります。

踏み出し足を前に出して捕った場合は、すぐに軸足のスパイクの内側を投げる方向に90度に向けて、す

ばやく投げることができます。

軸足を前に出して捕った場合は、軸足を踏み出すまでにステップが1歩多くかかります。その分だけ時間がかかりますが、その間にボールをしっかり握れるメリットもあります。

踏み出し足が前

①踏み出す足を前に出して捕る

②軸足のスパイクの内側を投げる方向に90度に向けながら、ボールを握る

③軸足が着く

④踏み出し足を真っすぐ踏み出して投げる

102

軸足が前

①軸足を前に出して捕る

②踏み出し足でステップしながらボールを握る

③軸足のスパイクの内側を投げる方向に90度に向ける

④軸足が着く

⑤踏み出し足を真っすぐ踏み出して投げる

⚠ 気をつけよう

どちらの足が前でも、捕るのは体の幅の中

　ゴロを捕るのは、あくまでも体の幅の中。踏み出し足を前に出して捕る場合は、ひざの前で捕る形になるので、勢いがついているときは前につんのめらないようにしましょう。

Q31 ランダウンプレーがうまくなる方法はありますか？

A 走りながら捕って、投げる練習をしましょう

ランナーを塁と塁の間で挟んでアウトにするプレーを「ランダウンプレー」（挟殺プレー）といいます。

ランダウンプレーそのものは練習に取り入れにくいかもしれません。キャッチボールの応用として、走りながら捕って、投げる練習を取り入れるとよいと思います。

▶ やってみよう 走りながら捕って、投げる

①パートナーに向かって走り出す

②パートナーに「投げろ！」と声をかけて、投げてもらう。走りながら、ボールを捕る

③すぐに投げる手にボールを握る

✋ ココが大事！ ボールを見せながら走る

　ランダウンプレーでは、受ける相手に対して、手に握ったボールを見せながら走ります（写真④）。これは、投げるタイミングを相手にわかるようにして、捕りやすくするためです。自分が捕るときのことを考えると、両腕を振って走っている相手がいきなり投げてきたら、捕るのは難しいですよね？　投げる側の手を上げたまま走りますが、手首やひじには力を入れず、そこから腕を軽く振って投げましょう。

📢 ワンポイントアドバイス 基本だけではなく、応用も

　「走りながら捕る（ランニングキャッチ）」、「走りながら投げる（ランニングスロー）」は、ランダウンプレーに限らず、守備のさまざまな場面で必要なプレーです。基本というよりは、応用の難しいプレーですが、できるように練習しておけば、アウトにできる確率が高まります。

④パートナーにボールを見せながら、走っていく

⑤パートナーの「投げろ！」の声で、走りながらボールを投げる

Q 32 ペッパーをする意味を教えてください

やってみよう1

ペッパー（打つ側）

ペッパーは、打つ側にとっては打ちたい打球を打つ練習。構えから打つまでの基本の動きを確認しながら、「予測」と「動き」を合わせて「こうやって打ったら、こういう打球が飛んでいく」という感覚を確かめよう。ワンバウンドで正面に打ち返すだけではなく、高いバウンドや低いバウンド、ノーバウンドで打ち返してみたり、投げてくれる人が捕れる範囲で右側や左側を狙ってみたりと、いろいろな打球を打ってみよう。

パートナーに軽く打ち返す

やってみよう2

ペッパー（投げる側）

投げる側にとっては、しっかり捕って、投げたいところへ投げる練習。基本の動きを確認しよう。投げるときに真ん中だけではなく、高めや低め、内角や外角などいろいろなところを狙うと、指先の感覚を養える。投げたらすぐに構えて、どんな打球が飛んできても捕れる準備をしよう。打球に対してどう動いて、どうグラブを出せばしっかり捕れるのかを考えながらおこなう。

①軸足のスパイクの内側を投げる方向に対して90度に向け、しっかり踏み出して投げる

A ペッパーには基本がつまっています

　ペッパーは、2人1組になり、1人が投げて、1人が軽く打ち返す練習です。トスバッティングともいいます。

　練習のはじめに取り入れているチームが多いと思いますが、ただのウォーミングアップではありません。「打つ」「投げる」「捕る」の基本や感覚を身につけるための練習です。打撃練習、投球練習、守備練習のつもりで1球1球、自分の動きを確認しながらおこないましょう。

投げる側に体を向けて構えてはいけない

⚠ 気をつけよう

しっかり構えてから打つ

　ペッパーでは、しっかり構えてから打ちましょう。打ちやすいからといって投げる側に体を向けて打つのは、普段の打ち方とは異なるので、あまり意味がありません。

②投げたら、しっかり構える。インパクトの瞬間に合わせてスプリットステップをする

③捕ったら、すぐに①の体勢をつくって投げる

107

可能性は無限大

　みなさんには、好きなプロ野球選手はいますか？　小学生のうちは「〇〇選手のようになりたい」という気持ちを大切にしてください。「自分は〜〜だから、□□しかできない」と考える必要はありません。

　小柄で打球を遠くへ飛ばす力がないからといって、ゴロを転がすことばかりしなくてもいいと思います。その役割も大事ですが、思い切りバットを振りましょう。何年か先に体が大きくなれば、役割も変わってきます。

　左投げだから、ファーストか外野しか守れない？　そんなことはありません。キャッチャーやショートなどを守ってもいいと思います。アウトにするまでの秒数を縮める努力は右投げの選手よりも必要ですが、けっして不可能なことではありません。

　常識や思い込みで決めつけるのは、やめましょう。大谷翔平選手（ロサンゼルス・ドジャース）は「ぜったいに無理だ」と言われた二刀流に挑戦して、メジャー・リーグで大活躍しています。みなさんの可能性も無限大です。思い切っていろいろなことにチャレンジしてください。

　そして、野球はさまざまな可能性の一つにすぎません。野球をしていると「野球一筋」になりがちですが、それ以外の時間も大切にしましょう。勉強はもちろん、本を読んだり、ほかのスポーツをしたりして、野球以外の可能性もどんどん広げていってください。

第5章

走塁の基本を身につけよう

走塁もうまく
なりたいです。
教えてください！

この章では、
走塁についてお伝えします。
積極的に次の塁を狙える
選手になってください

走塁について

Q 33 一塁への走り方を教えてください

バッターは、打ったあとはランナーになります。どんな打球を打っても、審判に「アウト」と言われるまで、全力で走りましょう。

一塁への走り方は、打球によって2通りあります。

左足で踏む。踏む場所は
手前の右側の角

1. 駆け抜ける

内野ゴロを打った場合は一塁ベースの手前の右側の角を左足で踏んで、駆け抜けます。

右足で踏んで駆け抜けてはいけない

⚠ 気をつけよう

右足で踏んで駆け抜けるのは危ない！

一塁ベースを駆け抜けるときは、必ず左足で踏みましょう。相手のファーストもベースを踏もうとしています。右足で踏もうとすると、ぶつかったり、左足を引っかけたりしてしまうので、とても危険です。

A どんな打球でも全力で走ることが何よりも大切です

2. オーバーラン

　ゴロやライナーが外野へ抜けた場合や内野フライになった場合は、一塁ベースの手前の左の角を踏んで一塁を回ってから、止まります（これを「オーバーラン」といいます）。

　オーバーランでは、なるべく右足でベースを踏みましょう。からだが自然に内側に倒れるので、スピードを落とさずに塁を回れるからです。

　塁を回るときは、ベースの手前で膨らむようなコースを走って、次の塁へ最短距離で向かいます。真っすぐ走ってきて、ベースを踏んでから回ると、大きくふくらんでスピードが落ちてしまいます。

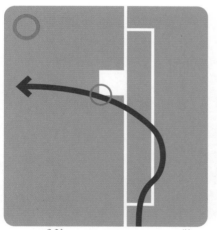

ベースの手前でふくらむようなコースを走る

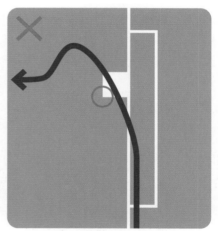

ベースまで真っすぐ走ってくる

ワンポイントアドバイス オーバーランは次の塁を狙うつもりで

　一塁をオーバーランするときは、つねに二塁へ行くつもりで回りましょう。外野手がミスをした場合などは一気に二塁を狙います。止まる場合は、急ブレーキをかけて止まります。はじめから一塁へ戻るつもりでスピードを緩めてしまうと、「二塁へ行ける！」となった場合に、もう一度加速するまでに時間がかかってしまいます。

一塁ランナーのリードの しかたを教えてください

一塁走者は、ピッチャーがプレートについて捕手を見始めたら、リードを取り始めます。リードを取る位置は、一塁と二塁を結んだ直線上よりも、やや右（リードを取るランナーからすると後ろ）です。リードの幅は、ピッチャーからけん制されてもアウトにならずに戻れるところまで。ピッチャーから目を離さずに、6歩でリードを取ります。

リードの取り方

⑥右足を右へ送る　⑤左足を引きよせる　④右足を右へ送る

A けん制で戻れるところまで 6歩で出ます

ワンポイントアドバイス リード幅の基準をつくろう

リードの幅には個人差があります。自分なりに「ここまでなら、けん制されても戻れる」という基準をつくっておきましょう。その基準から、場合によってリードの幅を調整します。たとえば、けん制がうまい投手の場合は幅を少し狭めます。盗塁をしない場合は塁に戻ることだけに集中できるので、幅を少し広げます。

③左足を後ろから右へ送る　②右足を踏み出す　①右足をベースにつけたまま、左足を踏み出す

■リードを取っているときの注意点

　リードを取っているあいだに、ピッチャーからのけん制でアウトにならないために、注意点が2つあります。

　1つは、ピッチャーから目を離さないこと。一塁ベースや自分の足元を見ながらリードしていると、その瞬間にけん制球がきても反応できません。ピッチャーを見たままリードができるように、練習で目をつぶっていても同じところまでリードできるようにしておきましょう。

ピッチャーから目を離さない

ピッチャーを見ながらリードを広げる

ベースを見る×

もう1つは、左足を右へ送るときに、右足の後ろでクロスさせること。右足の前でクロスすると、一塁ベースに背中を向けてしまいます。その瞬間にけん制球がきたら、戻れません。

左足は右足の後ろから右へ

左足を右足の後ろから右へ送る⇒そのままベースへ戻れる

左足を右足の前から右へ送る⇒戻れない

Q 35 盗塁のスタートのしかたを教えてください

右足からスタート

②右足から動きだす（地面から浮かせる）　①構える

③右足で地面をけって、前傾姿勢でスタートする

A 強くけれる足から スタートします

盗塁をするときは、リードをして構えたあと、ピッチャーの動きに合わせてスタートを切ります。

1歩目は左右どちらの足からでも構いません。大事なのは、地面を強くけること。どちらの足がより強くけることができるか、自分で試してみましょう。

 ココが大事！ リラックスした構えから、前傾姿勢でスタート

リードを取ったあと、構えではスタートも帰塁もしやすい体勢をつくります。両足は肩幅よりも広めにして、股関節を曲げることで自然にひざを曲げ、リラックスしておきましょう。動き始めは前傾姿勢で、小さなステップで強く踏み出します。1歩目で伸びあがると、スピードが遅くなってしまいます。

第5章 走塁の基本を身につけよう

左足からスタート

②左足で地面をけって、前傾姿勢でスタートする　　①構える

こちらもチェック→ P75 動き始めの1歩目で強く踏み出す

117

Q36 盗塁でいいスタートを切るにはどうすればいいですか?

A ピッチャーのフォームをよく見ることが大切です

ピッチャーがバッターに投げるときと、けん制するときでは、構えやフォームのどこかに違いがあるものです。塁に出る前から、ピッチャーをよく観察しておきましょう。

右ピッチャー

右ピッチャーはバッターに投げるとき、セットポジションに入ったあと、左足を上げて投げます。フォームを大きく分けると、足から動き始める場合と、手(肩)から動き始める場合に分かれます。どちらのタイプか観察しておけば、左足が上がるよりも早くスタートが切れます。

けん制の場合は、必ず右足から動き始めてプレートを外すので、右足が動いたらすぐに帰塁します。

足から動き始める場合

①セットポジション

②ひざが曲がり始める
＝ここでスタートを切る

③左足が上がる

手（肩）から動き始める場合

①セットポジション

②手（肩）から動き始める
＝ここでスタートを切る

③左足が上がる

左ピッチャー 　左ピッチャーの場合は、右足を集中して見ておきましょう。右足が上がって、左足と交差したらスタートを切ります。

①セットポジション

②右足が上がる。この段階で
はまだけん制がある

③上げた右足が左足と交差したら、
けん制はない＝スタートを切る

ワンポイントアドバイス　構えの違いを見つけよう

　ピッチャーによっては、バッターに投げるときと、けん制するときの構えが違うことがあります。構えた段階でけん制があるかどうかわかっていれば、スタートを切りやすくなります。そういう細かいところに気がつくようになれば、野球がさらにおもしろくなると思いますよ。

こちらもチェック➡ P66 ～ 69 ピッチャーの一塁けん制

Q37 スライディングのしかたを教えてください

スライディングをするときは、片足を曲げて、その足の上でもう片方の足を伸ばして、「4」の字の形になるようにして滑ります。

左足を伸ばす方法と、右足を伸ばす方法の2種類があります。それぞれ長所もあれば、短所もあります。個人によってやりやすい足があると思いますが、できればどちらでもできるように練習しておきましょう。

左足を伸ばす

滑り込んだときに顔が塁間を結んだ線の外側を向きます。盗塁をした場合、送球が自分の体に当たるとしても、背中に当たる可能性が高いので、ケガをしにくいのが長所です。また、送球がそれたときにボールの行方が見やすいので、次のプレーの判断が早くできます。ただし、次の塁へ走るときは体を半回転させなければならない分、遅くなるのが短所です。

①左足を伸ばすと、体が塁間を結んだ線の外側を向く＝ボールの行方が見やすい

②起き上がったとき、走り出しにくい

A 片足を伸ばして 鋭く滑り込みます

📢 ワンポイントアドバイス スライディングの距離を短くする

スライディングをすると、ブレーキをかけることになります。ベースに早く着くには、スライディングの距離をなるべく短くする必要があります。ただし、ベースに近すぎるとケガにつながるので、気をつけてください。

右足を伸ばす

滑り込んだときに顔が塁間を結んだ線の内側を向きます。盗塁をした場合、送球が顔やおなかに当たる危険があります。また、送球がそれたときにボールの行方が見にくいので、次のプレーの判断までにやや時間がかかります。ただし、次の塁へ走るときは1歩目を踏み出しやすいのが長所です。

①右足を伸ばすと、体が塁間を結んだ線の内側を向く＝ボールの行方が見にくい

②起き上がったとき、走り出しやすい

Q38 ベースコーチについて 教えてください

A 勝敗のカギを握る 大事なポジションです

　野球は9人だけでするスポーツではありません。試合に出ていなくても、チームの役に立つことはたくさんあります。一塁と三塁のベースコーチもそのひとつです。

　ベースコーチには「野球博士」と言われるくらいの知識が必要です。試合に集中しながらも、一歩下がった視点で冷静にグラウンド全体を見渡しましょう。試合の状況を常に頭に入れながら、すばやく判断して、ランナーに対して「回れ」「止まれ」「滑り込め」といった指示を出さなければなりません。

　ベースコーチの判断と指示が得点に直接かかわるので責任は重大ですが、運動が苦手な選手でも知識や判断力、観察力があれば活躍できて、やりがいのあるポジションです。

ベースコーチは
大事なポジション
のひとつ

Q39 一塁ベースコーチにとって大切な役割は何ですか?

A 状況を確認してランナーに徹底させることです

　一塁ベースコーチには、一塁ランナーを落ち着かせる役割があります。ランナーに「1点リード、ワンアウト一塁だよ」といった状況や、誰がボールを持っているかなどを伝えてあげましょう。ベンチで監督が出すサインを確認させたり、注意事項を徹底させたりするのも大切です。

　大事な場面であればあるほど、塁に出た選手は緊張しています。そういうときは、普段できていることができなくなるもの。サインを見逃し

たり、次の塁へ行きたい気持ちが強すぎてライナーで飛び出してしまったりする可能性があります。

　そうならないように、一塁ベースコーチがランナーに声をかけてあげましょう。「サインをよく見て確認しよう」「大事なランナーだよ。無理して走る場面じゃないから、安全第一でいこう」。そんなふうに声をかけてもらうと、ランナーは冷静さを取り戻すことができます。

ランナーに声をかけて、落ち着かせる

ベースコーチについて

Q 40 三塁（さんるい）ベースコーチにとって大切（たいせつ）な役割（やくわり）は何（なん）ですか？

A 走塁（そうるい）の判断（はんだん）と指示（しじ）が得点（とくてん）のカギを握（にぎ）ります

三塁（さんるい）を回（まわ）す

①腕（うで）を回（まわ）して、「回（まわ）れ」の指示（しじ）を出（だ）す

②ランナーがベースを踏（ふ）むタイミングで回（まわ）すか止（と）めるかを判断（はんだん）して、そのまま回（まわ）す

三塁（さんるい）で止（と）める

①腕（うで）を回（まわ）して、「回（まわ）れ」の指示（しじ）を出（だ）す

②ランナーがベースを踏（ふ）むタイミングで回（まわ）すか止（と）めるかを判断（はんだん）して、止（と）める

三塁ベースコーチは、チームのなかで一番の「野球博士」でなければ務まりません。責任が重くて難しいポジションですが、その分だけやりがいがあります。

特に難しいのが、ランナー二塁でバッターがヒットを打ったとき。本塁へ回すか、三塁で止めるかの判断は得点のカギを握ります。

ランナーへの指示は、三塁ベース直前まで「回れ、回れ」。そこで判断して、「回れ」か「止まれ」の指示を出します。回ろうとしているランナーは、急に「止まれ」と言われたとしても、なんとか止まることができます。しかし、「止まれ」と言われてスピードを落としてから「回れ」と言われても、対応できません。

☝ ココが大事！

外野手がゴロを捕るのが先か、ランナーが三塁を踏むのが先か

ランナーを回すか止めるかの目安は、外野手がゴロを捕ったときのランナーの位置です。捕球よりも先にランナーが三塁ベースを踏んでいれば、回します。捕球したときにまだ踏んでいなければ、止めます。

これを基準にしつつ、以下のような要素も材料に加えて、すばやく、的確に判断しましょう。

■点差……どうしても1点が欲しい場面かどうか

■外野手の守備……守備位置は深いのか浅いのか。肩は弱いのか、強いのか。捕球した体勢は悪かったのか、良かったのか

■ランナーの走力……二塁ランナーの足は速いか遅いか。走塁は得意か苦手か

■打順……次のバッターの打撃は期待できるかどうか。代打の切り札が出る場面なら無理して回さない

コラム⑤

ベースコーチへメッセージ

　試合で活躍するのは、ホームランを打ったり、速い球を投げたりする選手だけではありません。ベースコーチも勝負どころの判断や指示で、チームを勝たせる活躍ができます。

　すばやく、的確に判断するには、選手の観察が大事です。味方の選手の走力や打力について知っておくことはもちろんですが、相手チームの選手の守備力もよく知っておかなければなりません。試合前に相手のキャッチボールやノックを見て、「肩は強いけど、コントロールはよくないな」というようにチェックしておきましょう。

　相手チームの控え選手についても知っておきましょう。勝敗を左右する試合の終盤で、交代で出てくる選手の役割は大きい。チャンスに代打で出て、そのまま守備につく選手であれば、守備は苦手かもしれません。また、守備から出てくる選手は、いわゆる「守備固め」で、守備がうまい可能性が高い。そういう点もしっかり気を配っていきましょう。

　特に三塁ベースコーチは責任が重いだけに、「アウトにしてはいけない」と慎重になりすぎてしまうことがあります。ただ単に「いけると思った」から回してアウトになるのはよくありませんが、根拠があって回した結果であれば、かまいません。根拠がある積極的な走塁はチームに勢いを与えます。

　ベースコーチは、エースや四番のように目立つことは少ないかもしれません。でも、野球を深く知ることができて、おもしろさを味わえるポジションです。ぜひ勇気をもって挑戦してください。

第 6 章

野球を楽しもう

この章では、
野球をもっと楽しむために
知っておきたいことを
お伝えします

ワクワクします！

野球を楽しむために

Q 41 試合にはどういう心構えでのぞめばいいですか？

A 勝ち負けを気にせず、思い切り楽しみましょう

試合は、練習でやってきたことを発揮する場です。練習どおり、いつもどおりに、思い切り楽しむ。それだけで十分です。

勝ち負けは気にしなくてもいいと思います。気にすると、「ミスしたくない」という気持ちが強くなって、思い切りがなくなります。思い切ってバットを振らなければボールは当たりません。思い切ってグラブを出さなければ、ボールは捕れません。

勝ち負けよりも、全力でプレーして、野球を楽しむことが大切です。

野球をめいっぱい
楽しみましょう

ココが大事！ 全力プレーは次につながる

全力でプレーした結果がうまくいけば、自信になります。うまくいかなくても「失敗は成長のチャンス」です。つまり、どんな結果になっても、次につながるということ。それを忘れずに試合にのぞみましょう。

Q42 野球を楽しむために

試合中に大切なことは何ですか?

A ボールから目を離さないことです

野球のプレーは、ピッチャーがボールを投げることで始まります。そのプレーは、ボールがピッチャーにかえるまで続きます。

その間に何が起こるか、わかりません。攻撃のときも守備のときも、ボールから目を離さないことが何よりも大切です。

たとえば、ランナー二塁のチャンスでタイムリーヒットを打った。バッターが一塁ベースに着いたあと、ベンチに向かってガッツポーズしている——そんなシーンをよく見かけます。

喜びたい気持ちはわかります。でも、その間にボールはどこにありますか? もしかしたら、外野手から内野手への返球がそれているかもしれません。それをしっかり見ていれば、二塁へ進んで、もう1点取れるチャンスだったのに……。

ボールから目を離さない。誰にでもできることですが、やっているかやっていないかで、大きな差になります。当たり前にできるように、練習から心がけましょう。

プレー中は絶対にボールから目を離さないよう心がけよう

Q 43 ミスをしたときは どうしたらいいですか?

A 次のプレーに集中して 準備しましょう

ミスは誰にでもあります。大事なことは、ミスをしないことではなく、ミスを引きずらないことです。

ミスをしたあとも、試合はどんどん進んでいきます。守備でエラーをしても、すぐに次の打者が打席に入ります。悔やんだり、落ち込んだりする時間はありません。終わったプレーについて考えるのではなく、「こ のバッターに対して、自分は何をしなければいけないのか」に集中して、次のプレーの準備をしましょう。

試合でうまくいかなかったことは、成長するための「宿題」として頭の中の引き出しにしまっておいてください。次に練習するとき、その引き出しを開けましょう。

たとえミスをしても、次のプレーに集中しよう

野球を楽しむために

Q44 「自分のせいで負けたら どうしよう」と不安です

A 野球は1人でするものでは ありません

不安な気持ちは、すごくよくわかります。でも、野球はチームの全員でやるもの。誰かひとりのおかげで勝つことも、誰かひとりのせいで負けることもありません。

もちろん、「ここで打って、ヒーローになるぞ！」「ここで抑えて、チームを勝たせよう」という気持ちも大事です。ただし、あまりその気持ちが強すぎると、余計な力が入って、いつもできることができなくなってしまいます。いつもどおりにプレーするのが一番大事です。

みんな、勝つために、いいプレーをするために練習しています。でも、今日の試合はゴールではありません。うまくいっても、うまくいかなくても、原因を考えて、もっとうまくなるように工夫する。そのスタートです。

勝ち負けや個人の結果ではなく、自分が、そしてチームのみんなが成長していく。その過程を楽しめるのが、野球のすばらしさです。

野球はチームの全員で
やるものです

131

熱中症の対策について教えてください

A こまめに水分を補給して、無理をしないのが大切です

　練習や試合中は、のどがかわいてからではなく、かわく前にこまめに水分を補給しましょう。

　「立ちくらみがする」「めまいがする」「筋肉がつる」「頭が痛い」など、何か少しでも体調に変化があったら、すぐにまわりに伝えましょう。「これくらいは平気だ」と過信してはいけません。

　体調が悪そうな人を見かけた場合も、すぐにまわりに伝えましょう。その人が動けるようなら日かげの涼しい場所に移動させて、水分を補給させたり、水をかけたり、風を送ったりしてあげてください。

水分はこまめに補給しよう

☝ ココが大事！ 練習や試合前に体調をチェックしよう

　練習や試合の前には、必ず自分の体調をチェックしましょう。「睡眠不足」「熱がある」「頭（または喉、お腹など）が痛い」「朝食を抜いた」などにあてはまる場合は、監督やコーチ、保護者に伝えましょう。

野球を楽しむために

Q46 ケガをした場合はどうしたらいいですか?

A むやみに動かないようにしましょう

野球は危険なスポーツでもあります。なかでも特に注意しなければならないのが、頭や首のケガと、脳震とうです。

「打球や投球、送球が頭に当たった」「バットが頭に当たった」「選手同士がぶつかった」「地面やフェンスなどに頭をぶつけた」などの場合は、むやみに自分で動かないようにしましょう。また、ケガをした人をむやみに動かそうとしてはいけません。その場から動こう（動かそう）とすると、かえって症状が悪化する場合があります。

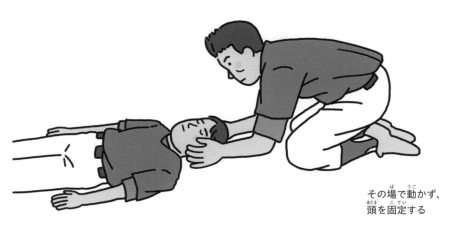

その場で動かず、頭を固定する

✋ ココが大事！ 医師の診断を受ける

「頭が痛い」「吐き気がある」「少し前のことを覚えていない」などの症状がある場合は脳震とうの疑いがあります。そのときは大丈夫でも、少し時間がたってから症状がでる場合もあります。少しでも症状がでたら、医師の診断を受けてください。

知っておいたほうがいい ルールを教えてください

A やってはいけないことから 覚えましょう

野球のルールはとても複雑なので、試合で経験して少しずつ覚えていけば大丈夫です。まずは、やってはいけないことから覚えましょう。

ピッチャーのルール違反

ピッチャーが以下のことをした場合は「ボーク」です。ランナーがいないときは「ボール」としてカウントが進みます。ランナーがいる場合は、ランナーが1つ先の塁まで進みます。

ただし、ボークの投球がヒットになった場合など、バッターを含むランナーがすべて1つ先の塁まで進塁できた場合には、そのまま試合が進みます。

× 投げる動作の途中でボールを落とした

× バッターがまだ構えていないのに投げた

× 投げる動作を途中でやめた

× セットポジションで完全に静止しなかった

× 一塁または三塁へのけん制で、ピッチャープレートを踏んだまま、偽投した（けん制のふりをしただけで、実際には送球しなかった）

× けん制するときに、軸足をピッチャープレートの前（捕手側）に外した

× けん制するときに、投げる塁にしっかり踏み出さなかった

× ランナーのいない塁へけん制球を投げた

こちらもチェック➡P12～14 ルールを教えてください　P66～69 ピッチャーのけん制

野手のルール違反

野手は、以下のことをしてはいけません。

× ボールを持ってランナーをアウトにしようとしている以外のときに、ランナーの走塁を妨げる

× 打球や送球を捕ろうとしていないのに、ランナーの走塁を妨げる

× 打球を止めようとして投げたグラブや帽子が、打球に当たる

× ピッチャーの手からボールが離れる前に、キャッチャーがキャッチャースボックスから出る

× キャッチャー（または内野手）が、バッターやバッターが持っているバットに触れる

ボールを持たない野手はランナーの走塁を妨げてはいけません

知ってる？ **送球がランナーに当たったら？**

　野手の送球があやまって（わざとではなく）ランナーに当たった場合は、そのままプレーが続きます。

こちらもチェック → P93 キャッチャーの二塁送球 「ココが大事！」の［注意］

バッターのルール違反

バッターは、以下のことをしてはいけません。

✕ バッターボックスから片足または両足を完全にはみ出した状態で打つ

✕ キャッチャーの守備または送球を妨げる

✕ 打ったあと、フェアゾーン内でバットや体が打球に当たる（バッターがバッターボックス内にいる場合はファウル）

✕ 一塁までの走路の後半で、フェアゾーンやスリーフットラインの外側（向かって右側）を走って、一塁への送球を捕ろうとする野手のプレーを妨げる

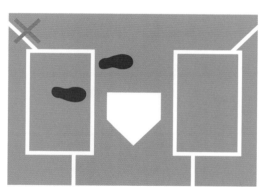

バッターボックスから片足または両足を完全にはみ出して打つのはルール違反です

知ってる？ 打者が打順を間違えた場合は？

　バッターが打順を間違えた場合、打ち終わったあとに守備側のアピールがあれば、本来打席に立つべきだったバッターがアウトになります。打順を間違ったバッターが塁に出た場合は、ほかのランナーの進塁や得点が無効になります。ただし、打席の途中で間違いに気がついた場合は、正しい打順の打者がそのままカウントを引き継いで、打席に立ちます。打席が終わったときに、攻撃側も守備側も間違いに気づかなかった場合は、そのまま試合が進みます。

ランナーのルール違反

　ランナーは、進塁するときは一塁、二塁、三塁、本塁の順にベースを踏まなければなりません。元の塁へ戻るときは、逆の順にベースを踏まなければなりません。たとえば、一塁ランナーが二塁を回ったあとに一塁に戻るときは、二塁を踏んでから一塁に戻ります。二塁ベースを踏まずに戻った場合、相手のアピールがあればアウトになります。

　また、走者は以下のことをしてはいけません。

× 打球を処理しようとしている野手を避けない

× 野手の送球を妨げる

× 野手のタッチを避けようとして、塁と塁を結んだ直線上のラインから左右に約90センチの幅を越えた部分を走る

× 後ろのランナーが前のランナーを追い越す（この場合は後ろのランナーがアウト）

× 野手がまだ触っていない打球にフェアゾーンで当たる

野手の守備範囲のフェアゾーンの打球に当たるとランナーはアウトに

知ってる？ ベースコーチがやってはいけないこと

　ベースコーチは、ランナーに触って走塁を助けてはいけません。その場合はランナーがアウトになります。

知っておきたい野球用語

ア行

悪送球と暴投

「悪送球」は野手が送球するときに、相手が捕れない球を投げること。「暴投」はピッチャーが投球するときに、キャッチャーが捕れない球を投げること。「ワイルドピッチ」ともいう。「悪送球」と「暴投」は区別して覚えておこう

アピール

攻撃側のチームがしたプレーがルールに反していることを、守備側のチームが指摘すること

イレギュラー（イレギュラーバウンド）

ゴロが不規則なはね方をしたり、バウンドの方向が急に変わったりすること

エラー

守備についている選手が、捕れるはずの打球をグラブではじいたり、落としたりしてアウトにできないこと。「失策」ともいう。悪送球もエラーの1つ

エンドラン（ヒットエンドラン）

ランナーが投球に合わせてスタートを切り、その球をバッターが打ってランナーを進める作戦のこと

カ行

完投と完封

「完投」は先発したピッチャーが試合終了までのイニングを1人で投げること。完投のうち、相手を0点に抑えた場合が「完封」。複数の投手で相手を0点に抑えた場合は「無失点リレー」という

球審と塁審

「球審」はキャッチャーの後ろにいて、投球や打球、本塁上でのプレーなどを判定して、試合を進める審判員。「主審」は正しい呼び方ではない。「塁審」は一塁、二塁、三塁の近くにいて、打球のフェアとファウル、ランナーのアウトとセーフの判定などをおこなう審判員

サ行

四死球

四球（フォアボール）と、死球（デッドボール）のこと

守備妨害

バッターやランナーなど攻撃側の選手が、守備をさまたげること。「インターフェア」ともいう。ランナーに打球が当たった場合も守備妨害となる

スクイズ

三塁ランナーが投球に合わせてスタートを切り、その球を打者がバントして得点する作戦のこと。三塁ランナーが、バントした打球を判断してからスタートを切る場合は「セーフティスクイズ」という。「スクイズ」は英語で、「絞り出す」という意味がある

走塁妨害

野手がボールを持っていないとき、あるいはボールを処理しようとしていないときに、ランナーにぶつかるなどして走塁をさまたげること。「オブストラクション」ともいう

タ行

タイムリー

走者がいるときに打った、得点になるヒットのこと。正確には「タイムリーヒット」。「適時打」ともいう。同じように、得点になるエラーを「タイムリーエラー」という

打撃妨害

打とうとしたバッターのバットにキャッチャーのミットなどが触れて、打撃をさまたげること。「インターフェア」ともいう

タッチアップ

ノーアウトまたは1アウトで、バッターがフライかライナーを打った場合に、ランナーが元の塁を踏んだ状態で、野手が打球に触れるまで待つこと。野手が打球に触れたあと、ランナーは次の塁へ向かって走ることができる。ただし、次の塁までの間にタッチされた場合はアウト。また、野手が打球に触れる前にスタートした場合、元の塁にボールがわたるか、ランナーがタッチされるとアウトになる

ダブルスチール

1つのプレーで2人のランナーが盗塁すること。「重盗」ともいう。たとえばラン

ナー一、二塁で2人のランナーが盗塁した場合。ランナー一、三塁で一塁ランナーがスタートを切り、キャッチャーが送球する間に三塁ランナーが本塁を狙う場合もダブルスチールに含まれる

ダブルプレー

1つの打球で2つのアウトを取ること。「ゲッツー」ともいう。1つの打球で3つのアウトを取ることを「トリプルプレー」という

盗塁

ランナーが投球に合わせてスタートを切り、次の塁に進むこと。「スチール」ともいう。二塁を狙った盗塁を「二盗」、三塁を狙った盗塁を「三盗」、本塁を狙った盗塁を「本盗（ホームスチール）」という

ハ行

バスター

バントの構えからバットを引いて、打つこと

パスボール

捕手が捕れるはずの投球を後ろにそらすこと。「捕逸」ともいう。

ボールデッド

プレーが中断されること。審判がタイムを宣告したとき、打球がファウルになったとき、デッドボール（死球）、ボーク、守備妨害、打撃妨害などがあったときなどにボールデッドとなり、プレーが中断される。球審が「プレイ」を宣告するまで、ボールデッドが続く

さくいん

おもな掲載ページを紹介します

ア行

アウト…P9、P12、P13、P136、P137

悪送球…P138

アピール…P136、P137、P138

インターフェア…P138

イニング…P9、P12

イレギュラー（イレギュラーバウンド）…
　P84、P138

ウォーミングアップ…P24、P25

エラー…P138

エンドラン（ヒットエンドラン）…P138

オブストラクション（走塁妨害）…P139

オーバーラン…P111

カ行

外野手…P19、P100、P102

完投…P138

完封…P138

逆シングル…P87

キャッチャー　P17、P23、P90、P92

キャッチャーマスク…P23

球審…P138

挟殺プレー（ランダウンプレー）…P104

グラブ…P22

クロスステップ…P75

けん制…P66、P67、P68、P69、P118、P119、P134

サ行

サード…P18

軸足…P34、P58、P68、P82、P83、P94、P103

四死球…P138

ジャストミート…P46、P47

守備妨害…P138

ショート…P18

ショートバウンド…P84、P96

スイング…P32、P36、P37

スクイズ…P138

ストライク…P13、P14

ストライクゾーン…P13

ストレッチ…P24、P25、P26、P27、P28、P29

スパイク…P21

スプリットステップ…P74、P75、P89、P107

スライディング…P120、P121

スリーフットライン…P10、P136

セーフ…P12

セーフティスクイズ…P138

セカンド…P18

セットポジション…P66、P118、P119

センター…P19

走塁妨害（オブストラクション）…P139

タ行

体重移動…P34、P35、P60、P61

タイムリー（タイムリーヒット）…P129、P139

タイムリーエラー…P139

打撃妨害…P93、P139

タッチアップ…P139

ダブルスチール…P139

ダブルプレー…P139

中継…P98、P99

適時打…P139

デッドボール…P13

ドアスイング…P37
とうしゅばん
投手板 (ピッチャープレート)…P10、P11、
P58、P59、P69、P134
とうるい
盗塁…P118、P139

トスバッティング (ペッパー)…P106、P107

ナ行

ないやしゅ
内野手…P18、P98、P135

ネクストバッターズサークル…P10、P49
ねっちゅうしょう
熱中症…P132
のうしん
脳震とう…P133

ハ行

ハーフバウンド…P84

バウンド…P84

バスター…P139

パスボール…P139

バッター…P9、P12、P13、P15、P136

バッターボックス…P10、P136

バット…P21、P32

ピッチャー…P16、P66、P67、P68、P69、P134

ピッチャープレート (投手板)…P10、P11、
P58、P59、P69、P134

ヒットエンドラン (エンドラン)…P138

ファースト…P18、P94、P95、P96、P97

ファウル…P14、P136

ファウルライン…P14

フェア…P14

フェアゾーン…P15

フォアボール…P13
ふ だ あし
踏み出し足…P34、P58、P69、P82、P102

プロテクター…P23、P91

ベース…P10、P94、P95、P110、P111、P125、P137

ベースコーチ…P15、P70、P122、P123、P124、
P126、P137

ペッパー…P106、P107

ヘルメット…P20、P23

ボーク…P68、P69、P134
ほんとう
ホームスチール (本盗)…P138
ほんるい
ホームベース (本塁)…P11、P13、P91

ボール…P13、P21、P56、P57、P134

ボールデッド…P139
ぼうとう
暴投 (ワイルドピッチ)…P138

ポジション…P15
ほんとう
本盗 (ホームスチール)…P138
ほんるい
本塁 (ホームベース)…P11、P13、P91

マ行

ミートポイント…P42
む しってん
無失点リレー…P138

ヤ行

ユニフォーム…P20

ラ行

ライト…P19

ランダウンプレー(挟殺プレー)…P104、P105
きょうさつ

ランナー…P12、P110、P112、P137

リード…P112、P113
るいしん
塁審…P138

レガース…P23

レフト…P19

ワ行

ワイルドピッチ (暴投)…P138
ぼうとう

ゆめちゃん

野球っておもしろいな。
早く試合に出てみたい！

マナブくん

練習して、
もっとうまくなるぞ！

著者 飯塚先生

みなさんが野球を楽しく
続けてくれたらうれしいです

おわりに

　私が野球をはじめたのは、5歳からです。小学生のころは夕日が沈んでからも一人でスイングをして、真っ暗な空に打球が飛んでいくのを想像していました。チームのみんなで練習や試合をする日が待ち遠しい。そんな毎日の連続でした。子どものころに野球の楽しさを知ったので、私は今でも野球が大好きです。

　みなさんにも、ぜひそうなってほしい。小学生のあいだは「打球を遠くへ飛ばしたい」「速い球を投げたい」というところを目指すのが一番おもしろいと思います。全力で振ってください。全力で投げてください。そして「野球って楽しい！」という気持ちをたくさん味わってください。

　「もっとうまくなりたい」という気持ちは大事です。ただ、ほかの人と自分を比べる必要はありません。比べる相手は、昨日までの自分です。昨日よりも、今日のほうが少しでもうまくなる。それって楽しいし、すごいことですよ！

[著者]

飯塚智広

1975年9月28日生まれ。千葉県鎌ケ谷市出身。左投げ左打ち。二松学舎沼南高校ではエースとして2年夏の千葉大会で決勝に進出。亜細亜大学では外野手として東都大学一部リーグ通算80試合に出場。打率.290、3本塁打、37打点。ベストナイン2度受賞。4年春にはリーグ連覇に貢献して最優秀選手となり、大学選手権で準優勝。日米大学選手権の日本代表に選出された。1998年にNTT関東に入社。日本選手権で初優勝に貢献して優秀選手となる。翌年からNTT東日本に転籍。2000年にはシドニー五輪の日本代表としてプレーした。2007年に現役を引退。2009年からNTT東日本のコーチとなり、2014年には監督に就任。2017年の都市対抗野球大会でチームを優勝に導いた。2021年に監督を勇退。2022年よりNHKの高校野球解説者。現在はNTT東日本シンボルスポーツ担当課長を務めている。

[撮影協力]

東山エイターズのみなさん

目黒区東山地区を活動拠点とする軟式少年野球チーム。

協力　　　株式会社 フィールドフォース
デザイン　シーツ・デザイン
写真　　　斎藤豊、桜井ひとし、小山真司、井出秀人、ベースボール・マガジン社
イラスト　竹口睦郁
編集　　　佐伯要

こどもスポーツ練習Q&A
（れんしゅう）
やってみよう野球
（やきゅう）

2024年2月29日　第1版第1刷発行

著　者／飯塚智広
（いいづかともひろ）
発行人／池田哲雄
発行所／株式会社ベースボール・マガジン社
　　　　〒103-8482
　　　　東京都中央区日本橋浜町2-61-9 TIE浜町ビル
　　　　電話　03-5643-3930（販売部）
　　　　　　　03-5643-3885（出版部）
　　　　振替口座 00180-6-46620
　　　　https://www.bbm-japan.com/
印刷・製本／共同印刷株式会社

©Tomohiro Iizuka 2024
Printed in Japan
ISBN 978-4-583-11487-3　C2075

＊定価はカバーに表示してあります。
＊本書の文章、写真、図版の無断転載を禁じます。
＊本書を無断で複製する行為（コピー、スキャン、デジタルデータ化など）は、私的使用のための複製など著作権
法上の限られた例外を除き、禁じられています。業務上使用する目的で上記行為を行うことは、使用範囲が内部に
限られる場合であっても私的使用には該当せず、違法です。また、私的使用に該当する場合であっても、代行業者
等の第三者に依頼して上記行為を行うことは違法となります。
＊落丁・乱丁が万一ございましたら、お取り替えいたします。